Smart Parenting 시리즈 I

# 스마트한 부모가
# 자녀의 미래를 준비한다

Smart Parenting 시리즈 I

# 스마트한 부모가 자녀의 미래를 준비한다

| | |
|---|---|
| 초판 1쇄 인쇄 | 2015년 1월 30일 |
| 초판 1쇄 발행 | 2015년 2월 05일 |

| | | | |
|---|---|---|---|
| 지은이 | 민 성 혜 | | |
| 펴낸이 | 손 형 국 | | |
| 펴낸곳 | (주)북랩 | | |
| 편집인 | 선일영 | 편집 | 이소현, 김진주, 이탄석, 김아름 |
| 디자인 | 이현수, 김루리, 윤미리내 | 제작 | 박기성, 황동현, 구성우 |
| 마케팅 | 김회란, 이희정 | | |
| 출판등록 | 2004. 12. 1(제2012-000051호) | | |
| 주소 | 서울시 금천구 가산디지털 1로 168, 우림라이온스밸리 B동 B113, 114호 | | |
| 홈페이지 | www.book.co.kr | | |
| 전화번호 | (02)2026-5777 | 팩스 | (02)2026-5747 |

| | | |
|---|---|---|
| ISBN | 979-11-5585-484-6 04370 | 979-11-5585-488-4 04370(세트) |
| | 979-11-5585-485-3 05370(전자책) | |

이 도서의 국립중앙도서관 출판예정도서목록(CIP)은 서지정보유통지원시스템 홈페이지(http://seoji.nl.go.kr)와
국가자료공동목록시스템(http://www.nl.go.kr/kolisnet)에서 이용하실 수 있습니다.
( CIP제어번호 : CIP2015003331 )

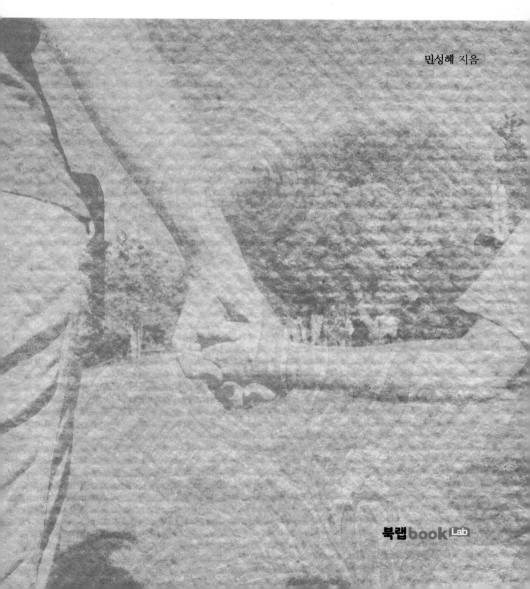

Smart Parenting 시리즈 I

# 스마트한 부모가
# 자녀의 미래를 준비한다

민성혜 지음

북랩 book Lab

# Smart Parenting 시리즈를 출간하면서

언제부터인가 우리는 내 자녀를 내가 아닌 전문강사의 손에 맡기게 되었고 자녀와의 놀이조차도 전문 놀이지도사의 도움을 받고 있다. 내 자녀를 자세히 알기 위해서는 발달센터의 전문상담사를 찾아가고 내 자녀에 대한 양육방법을 알기 위해서는 전문가의 부모교육을 듣고 있다. 그러나 내 자녀를 가장 잘 아는 사람은 부모인 나여야 하고, 그 자녀의 재능을 가장 정확히 아는 사람도 부모며, 그 자녀 맞춤형 교육의 방향과 내용을 정할 수 있는 사람도 사실은 부모다. 어떻게 내 자녀에 대한 전문가가 부모가 아닌 타인이 될 수 있는가?

도움을 요청하는 부모들을 만나고 그들의 자녀를 직접 만나 검사하고 상담하면서 아이들한테 미안한 마음이 들기 시작한 것은 한 4~5년 전부터다. "선생님은 네가 이런 것 같은데 이게 맞니?"라고 아이들한테 묻고 싶어졌고 그 이후로 그렇게 했다. 부모에게도 "제가 검사한 결과들을 취합 정리해보니 이런 결과가 나왔고 이것은 이렇게 해석될 수 있습니다. 부모님 생각은 어떠세요?"라고 묻고 싶어졌고 그 이후로 그렇게 했다. 그러면서 나는 전문가랍시고, 전문적 공부를 몇 년 더 했다고, 전문적 직업이라고 남들이 인정해주는 직업에서 몇 년 일했다고 한 개인에 대해 '전문적'이라고 이야기하는 것이 얼마나 조심해야 하는 일인지를 깨닫게 되었다.

"아이가 말을 듣지 않아요." "아이가 산만해요." "우리 아이에게 뭘 시키면 좋을까요?" "공부시키는 방법을 알려주세요."라는 부탁을 받았을 때 척척 해결해주던 이전과 달리 더욱 조심스럽고 더욱 많이 준비하고 더욱 자료도 많이 모으고 더욱 많이 관찰하게 되었다. 그러면서 부모야말로, 자녀를 잉태하고 태내에서부터 느끼고 대화하였던 부모가, 그리고 태어난 후에도 그 기질적 특성을 가장 정확히 알고 자녀와의 비언어적 소통에서부터 현재의 언어적 소통까지를 경험하는 부모가 전문적 지식을 얻고 전문적 전략을 익힌다면 그것이 훨씬 더 좋은 것이 아닐까 생각하게 되었다.

그래서 'Smart Parenting' 시리즈를 준비하게 되었다. 수도 없이 많은 부모용 책자 중에서 이 책이 얼마나 많이 선택될지는 알 수 없다. 그러나 무엇보다 저자가 부모보다 위에 있다든가, 아이들에 대해서는

100% 다 안다든가 하는 교만을 부리지 않는 책으로 인정받고 싶다. 아이들이 "어? 이 책에 있는 내용이 내 이야기 같네." 했으면 좋겠고 부모들이 "아~ 맞아. 그래서 그랬던 거지?"라고 했으면 좋겠다.

참 진리 중 하나는 우리의 자손이 우리보다 훌륭한 DNA를 타고 났다는 것이다. 보다 좋은 환경, 보다 좋은 먹거리, 그리고 보다 풍성한 경험을 가진 부모 밑에서 태어나고 자라기 때문이다. 그러니 우리는 가르치는 자도, 지도하는 자도 아니고 안내하는 자였으면 한다. 만약 우리가 아는 것만을 가르친다면 우리의 자녀들이 우리만큼만 자랄까봐 두렵기 때문이다.

이 책은 가볍게 쓰였다. 직접 대면하여 이야기하듯이 읽어 내려가면 된다.

이 책의 후반부는 다중지능에 집중해 있는데, 자녀의 다중지능을 직접 검사하고, 누구나 할 수 있는 16개의 활동들을 하면서 자녀의 반응을 관찰 체크하며, 마지막으로 자녀의 다중지능 총 결과점수를 내고 해석하는 부분이 포함되어 있다. 실제로 해보기를 바란다.

자녀를 관찰한다는 것, 자신의 역할을 잠시 접어둔 채 자녀가 보이는 반응만을 관찰한다는 것은 매우 중요한 과정이다. 전문가들은 보다 많이 아이들을 관찰하려고 한다.

왜냐하면 우리가 보고자 하는 것은 바로 그 아이기 때문이다. 아무리 100만 원 이상의 검사를 하더라도 그 틀 속에 잡히는 아이가 아니라면 그 어떤 검사도 내 자녀를 100% 알 수 없기 때문이다. 부모가 된 내 자신을 먼저 신뢰하고 인정하고 그 후에 자녀의 재능을 보게 되고 그 재능을 키워가는 방법들을 실습해보는 귀한 순간들이 되기를 바란다.

Brainery

민성혜

모두 내 자녀에게는
최고가 되고 싶다

얼마 전 유튜브에 한 동영상이 올라오면서 검색순위 1위를 차지하는 등 화제가 된 적이 있다. 제목은 '6살 꼬마 아이의 한탄'이었다. 공부하라는 엄마를 쳐다보면서 "내가 잘 수도 없고 공부해야 되나?" "이게 몇 번째고?" 하며 울먹거리는 아이의 모습이 3분하고도 36초 동안 이어진다. 사람들은 재미있다고 보았겠지만 Brainery는 마음이 아팠다.

(출처: http://www.youtube.com/watch?v=2ggNVbs-Opk)

2015년 1월 4일 한 기사에서는 초등학교 6학년 아이의 시간표를 보여주며 새벽 2시에 잠이 든다고 보도하였다. 다음 시간표를 보면 여러 가지 생각이 든다.

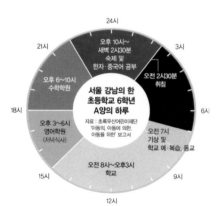

(출처: http://www.fnnews.com/news/201501041719463083)

A양의 하루 시간표를 보자니 초등학교 때 방학이 되기 전 만들어서 선생님에게 검사받았던 내 시간표가 생각난다. 물론 잠을 푹 자게 하였고(하물며 저녁 9시에서 다음 날 아침 9시) 식사는 어쨌든 한 시간씩 잡았던 것 같다. 세수도 한 30분 잡았던 것 같고….

아침에 일어나 세수 30분 하고 아침 1시간 먹고 방학 숙제 좀 하고 다시 점심을 한 시간 정도 먹고 밖에 나가 노는 시간표였다. 담임선생님의 말이 지금도 생각난다. "점심 먹고 밖에 나가 놀면서 쉬는 시간을 2시간 짜는 녀석이 어디 있나?" 아니, 밖에 나가 신나게 뛰어 놀았으니 당연히 집에 돌아오면 낮잠을 자든가 쉬어야 하는 거 아닌가? 그 시절에 자라난 것을 참 행운이라고 생각한다.

우리나라 아이들의 행복실태지수는 여전히 OECD 국가 중 가장 하위 그룹에 속하고 있다. 2014년 방정환 재단과 연세대학교 사회연구소에서 시행한 연구결과에 의하면(2014. 6.), 유니세프의 어린이·청소년 행복지수를 모델로 한 영역별 행복지수에서 OECD 평균을 100으로 봤을 때 한국 어린이·청소년의 주관적 행복지수는 74.0이었다. 2009년 64.3, 2011년 66.0, 2013년 72.5에 이어 꾸준히 상승하고는 있지만 조사가 시작된 지 6년째 OECD 소속 국가 가운데 최하위다.

아동 청소년의 자살과 관련된 실태도 충격적이다. 2013년 한국보건사회연구원의 OECD 국가와 비교한 한국의 인구집단별 자살률 동향과 정책제언에 따르면 OECD 31개국의 아동 청소년 10만 명당 자살률은 지난 10년간 16%나 감소한 반면, 우리나라는 6.4명에서 47%나

증가한 9.5명으로 나타났다고 밝혔다. OECD 국가 중 아동 청소년 자살률 1위다. 아동 청소년들은 각자가 겪는 어려움이나 문제를 사회적 현상으로 표출하고 있다고 보아도 과언이 아니다.

> 대한민국 아동 청소년의 행복실태지수는 여전히 OECD 국가 중 가장 하위그룹에 속하며, 아동 청소년의 자살률은 OECD 국가 중 1위다.

사실 우리 중 어느 누구도 이런 현상을 원하지 않는다. 어느 부모에게 물어봐도 자녀의 불행을 바라는 부모는 없다. 자녀가 잘 되기를 바라서 학원도 보내고 영양가 많은 음식을 먹이려고 애쓰고, 따돌림 당하지 않게 하기 위해 친구들을 조직해 놀도록 해준다. 시대는 변했지만 '내 자식 잘 되라고'는 변함이 없다.

그런데 사실 고등학교 때 공부를 못하는 나를 야단치시면서 어머니는 늘 "엄마 위해서 공부하니? 너 위해서 하지."라고 하셨는데 참 실감이 안 나긴 했다. 주변인들에게 인터뷰를 해보니 어떤 이들은 "그냥 잔소리라 생각하고 한 귀로 듣고 한 귀로 흘렸지요."라고 하고 어떤 이들은 "부모의 진심이 느껴져서 기분은 안 좋았지만 하긴 했어요."라고 했다. 또 어떤 이는 "내가 해달라고 하지도 않았고 바라지도 않았는데 왜 그런 생각을 하냐고 따졌어요."라고 했다.

요즘 아이들은 어떨까?

부모는 누구나 내 자녀가 잘 되기를 바란다. 그런데 여기에서 약간 모순이 있다. 다소 비판적으로 생각해보면 자녀가 명문대에 입학하면 부모는 웃음꽃이 만발하고 수학과외선생 바꾸기를 잘했다든가, 수시전형방법을 공부한 덕분이라든가, 시간관

(출처: http://www.vop.co.kr/A00000390024.html)

리를 잘 해줘서 그렇다든가 하는 전략(?)을 소개하기도 한다. 어쩌면 우리 모두는 결과적으로 내가 최고이고 싶은 것은 아닐까?

그렇다면 솔직하게 내가 내 자녀에게 최고가 되고 싶은 그 마음으로 접근해보자. 어떻게 하면 내가 내 자녀에게 최고가 될 수 있을까? 설마 "뭐 그냥 놔두면 좋아하겠지요."라고 생각하는 건 아닌가? "아마 제가 관리 안 하면 우리 아이는 하루 24시간 게임만 할 거예요." "지금도 공부를 안 하는데 그냥 놔두면 공부를 하나요? 말도 안 돼."라는 말들이 글을 쓰고 있는 지금도 귀에 들리는 듯하다. 만약 여러분의 자녀가 다음 유형에 속한다면 그냥 놔두면 안 된다.

- DNA 자체가 열등한 것 같다.
- 내가 날 보면 안다. 난 아마 그냥 두었으면 지금 아무것도 되지 못했을 것이다.
- 이미 품 안의 자식이 아니다(만 18세를 넘었다).

제시한 세 가지 경우가 아니라면 늦지 않았다. 물론 부모의 변신은 빠르면 빠를수록 좋다. 자녀가 지금 초등학생이라면 더더욱 좋고 중학생이라도 매우 좋다. 고등학생이라면 거의 성인 대 성인 대화로 할 수 있으니 멋진 일이다.

지금부터는 진짜 **내 자녀에게 최고**가 되는 방법에 대해 이야기하기로 한다.

# 내 자녀는 내가 가장 잘 안다

첫 자녀가 태어났을 때 그 첫 모습을 잊을 수가 없다. 마치 그 아이의 머리 뒤로 후광이 비치는 것처럼 피가 약간 묻은 그 얼굴마저도 너무나 아름다웠다. 처음 목을 가누던 때도 기억난다. 첫 이가 삐죽 나올 때 아이를 붙잡고 울었던 기억도 나고 보행기를 제트기처럼 타고 다닌다고 느꼈던 그때도 기억난다. 옹알이하던 표정도 기억나고 배변 훈련할 때의 우스꽝스런 일화들도 기억난다. 나름 까다로운 아이라서 목욕물 온도를 맞추는 데 애를 먹었고 감기로 인한 탈수 때문에 의사권유로 먹이기 시작한 이온음료에 나름 중독되어 "물도 싫다, 우유도 싫다, 이온음료만 다오." 할 때도 있었다.

무엇이든 한 번 시작하면 질릴 때까지 하는 버릇이 어릴 때는 깨자마자 〈인어공주〉 비디오 시청이었고(정말 100번 넘게 본 듯하다), 레고 놀이와 승부가 걸린 신체놀이를 좋아하고 수학을 재밌어하고 당시 유행하였던 이원복 교수의 《먼나라 이웃나라》에 빠졌던 첫째 아들은 지금 27살이 되었다. 지금도 나는 첫째 아들이 무엇인가에 빠져 있으면 '건. 드. 리. 지. 않. 는. 다.'

둘째 아이의 첫 모습 또한 잊을 수 없다. 형과 달리 동글동글한 모습이 나와 너무 닮아서 사람들은 엄마 닮았다고 난리였다. 이유식 할 시기에 어른들의 밥 먹는 모습을 보고 입을 '쩝쩝' 다셔서 이유시기 없이 바로 밥을 먹었던 둘째에게는 항상 사람들이 꼬였다. 중학교 때는 조기축구회 아저씨들과 축구도 하고 밥도 같이 먹고 다녔고 가출한 친구를 찾아가 설득해서 집으로 돌려보냈으며(!) 이름을 도저히 다 외울 수 없을 정도로 친구가 많았다. 아저씨들하고도 친구가 되었고 꼬마들하고도 친구가 되었다. 그러니 지금 자기가 전공하고 있는 건축공학과가 무척 잘 맞아 보인다.

어머니들이 "우리 아들 전공을 뭐로 하면 좋나요?"라고 물으면 여러 가지 검사를 해주기도 하지만 나는 우선 묻는다. "아이가 어릴 때 주로 무엇을 하고 놀았나요?" "시간이 비거나 하면 무엇을 하나요?"

내 자녀는 내가 가장 잘 안다. 어릴 때 주로 무엇을 하고 놀았는지 회상해보고 더 정확히 파악하자면 어떻게 놀았는지를 회상해보는 것이 좋다. 지금도 시간이 비거나 하면 무엇을 하는지 생각해보면 좋다.

"어릴 때야 자전거나 타고 뜀박질이나 했지 뭐 특별한 놀이가 있나요? 다른 아이들은 가베도 하고 그랬다지만 우리 아이는 그저 뛰어다니고 공 차고 다니고."

"아, 그랬어요? 신체적 지능이 높군요. 또 다른 기억은요?"

"아, 그런 것도 지능이 있어요? 음… 퍼즐 하나는 잘 맞추었죠. 어려서부터 200조각 이런 거 잘 맞추었으니까."

"언제지요?"

"5살 정도였던가요?"

"와, 정말 잘 했네요. 공간지능도 좀 높겠네요. 요즘은 시간이 비거나 하면 무엇을 하나요?"

"창피한 이야기지만 요즘도 5,000조각 맞추기 이런 거 해요. 방에 액자 해줬죠."

**기억하면 기억이 난다.** 지금 현재 아이가 배우는 것에 집중하고 있어서 그 내용을 잊고 있었던 것이지 모든 부모들은 기억하면 기억이 난다. 다중지능이론을 주장한 하버드대학교의 가드너 교수는 10세 전후로 아이들이 특정 지능 영역을 선택하고 가능한 한 빨리 전문성을 획득하고자 하기 때문에 여러 영역을 넘나드는 탐색은 중단한다고 하였다. 만약 부모가 기억하기에 아주 어릴 때 했던 행동들 중 특정 행동으로 자녀가 집중하는 듯하다면 그 영역의 지능을 염두에 두고 관찰해야 하는 이유다.

"우리 현수는 어릴 때 시간만 나면 그림을 그리거나 종이를 접곤 했거든요. 지금도 제가 그림을 몇 개 간직하고 있어요. 그런데 중학생이 된 지금도 틈만 나면 무엇인가 그리고 만들어요. 몰입하면서 하지요. 이거 보실래요? 이게 양말로 만든 거예요."

〈중학교 1학년 여학생이 양말로 만든 작품〉

어릴 때도 그리기를 좋아하거나 종이접기를 좋아했지만 그 성향이나 흥미가 사라지지 않고 점차 강화되는 것을 부모가 인식하게 되었다면 꼭 기억해야 한다. "그림을 그려? 그럼 화가~." 이런 단순한 이야기가 아니다. 공간시각적 지능이 높은 아이임을 기억해야 한다는 것이다.

"우리 아이는 키우기가 너무 힘이 들어요. 말도 잘 안 들어요. 학교 숙제가 더 중요하다고 생각하나 봐요. 해야 할 과외숙제가 있어도 자기가 중요하다고 생각하는 학교 숙제에 시간을 너무 많이 쓰는 거예요. 노트에 꽉 차게 그 내용을 적고 체계적으로 다 모아놓는 거죠. 일자에 따라서 정리하고 순서대로 정리하고….

담임선생님이 '네 것을 아이들에게 보여주면 다른 아이들이 도움을 받을 것'이라고 했더니 '안 된다'고 했대요. 그건 자기 거니까요."

MBTI 성향 검사는 물론 아동용이 있지만 우리가 아이들의 특성을 '성향'이라고 규정지을 수는 없다. 오히려 앞에 적은 아이는 개인내지능(intrapersonal intelligence)이 높다고 판단하는 것이 더 적절할 것이다. 집중하고 몰입하는 능력, 자신의 옳음을 주장하기 위한 방법을 고민하고 그것을 조직적·체계적으로 제시하는 것은 개인 내 지능이라고 설명해야 옳기 때문이다.

세 명의 중학생들과 토론을 한 적이 있다. "만약에 네가 무엇을 집중해서 하고 있는데 그걸 친구가 보고 따라 한다면 기분이 어떨 것 같아? 어떻게 할 것 같아?"라는 질문에 세 명은 각각 다음과 같이 답했다.

"기분이 나쁘죠."

"전 그거 그냥 버려버려요."

"그건 제 건데 왜 따라 해요? 친구한테 화를 많이 낼 것 같아요."

그 아이들에게 또 물었다. "만약에 지구가 멸망한다면 어떻게 할

래? 다른 별 하나를 정해서 가야 한대. 그러나 그 별도 어떤 상황인지 100% 알 수는 없어. 어떻게 할까?"

"저는 여러 연령층을 골고루 묶어서 보낼 것 같아요. 나이든 사람은 지혜가 있고 어린 사람은 힘이 있으니까요."

"전 생각이 달라요. 전 좀 생활이 어려운 사람들을 데리고 갈 것 같아요. 부자들은 이미 이 지구에서 많이 누렸으니까요."

"전 새로운 세상에는 새로운 세대가 필요하다고 봐요. 그래서 아기들을 많이 데리고 갈 거예요."

아이들의 그런 말을 듣고 있으면 신이 난다. 어떤 말이 옳고 그른가는 사실 아무도 모른다. 그러나 자신의 이야기를 할 수 있고 그 말에 책임을 질 수 있는 아이들, 그 아이들에게 이 나라를 맡겨도 되겠다 싶다.

생각해보자. 내 자녀는 어땠었지? 내 자녀는 지금 어떻지? 의외로 금방 깨닫게 될 것이다.

**정말 내 자녀는 내가 가장 잘 아는구나. 그걸 잊고 있었구나.**

# 내 자녀에게 나는 환경이다

　개인적으로 자연 지능이 다소 있는 나는 숲에 가면 힐링이 된다. 숨을 크게 들이마시고 음~ 하며 눈을 감으면 눈 속에 연두색 숲도 보이고 왠지 아름다운 새소리도 들리는 듯하다. 다소 시골에 있는 집으로 이사한 후 아침에는 새소리로 인해, 밤에는 쏟아지는 별로 인해, 그리고 낮에는 저 끝까지 보이는 풍경에 날마다 기분이 좋다. 그렇게 풍성함을 주는 그 환경은 한 번도 내 허락 없이 나를 만진 적이 없다. 나도 환경을 만나려면 성급함이나 거친 몸짓을 없애야 한다. 마당에 들어온 새와는 간혹 눈싸움을 한다. 아니 눈 마주침을 한다. 난 눈으로 이야기한다. "이리 올래?" 새는 이야기한다. "아니, 이 정도가 딱 좋아."

　나무들은 때 되면 새싹을 토해내고 열매를 맺고 낙엽을 뿌린다. 나무 향을 맡게 해주고 그 잎의 색으로 인해 "아, 땅이 충분히 비옥하구나." 알게 한다. 태백시의 어느 절을 찾아가기 위해 나섰던 길에서 만난 나무들은 아마도 물이 부족했던지 다들 뿌리를 멀리까지 땅 위로

뻗어낸 모습을 보여주었다. 그런데 나무는 한 번도 내 허락 없이 날 건드린 적이 없다. 나도 나무에 기대고 싶을 때는 뛰어가서 퍽 소리 나게 기대거나 하지 않는다. 왠지 조용히 다가가 나무줄기를 한 번 쓱 쓰다듬고 그리고는 앉을 자리를 보고 앉게 된다. 그게 환경이다.

Environment. 나를 둘러싸고 있으면서 나와 상호작용을 하는 환경. 내 자녀에게 나도 그러하다.

헬리콥터 부모(helicopter parents)라든가 가미카제 부모(kamikaze parents)처럼 자녀에게 깊이 개입하고 모든 결정을 부모가 하고 자녀에게는 순종을 바라는 모습이 아니라 자녀를 둘러싸고 풍성한 경험을 주고 정서적 지지를 보내는 모습의 부모, 즉 환경으로서의 부모가 바로 나다. 아이는 나무가 필요할 때 환경 안에 있는 나무를 찾아와 쉴 것이고 답답할 때는 환경 안에 있는 물을 찾아 마실 것이다. 무서운 맹수가 공격하면 환경 안에 있는 나무 위로 올라오든가 굴로 숨을 수 있을 것이다. 내가 낚아서 올리지 않더라도.

# 지금 이 시대에 내 자녀 전문가는 나밖에 없다

현대처럼 전문가를 바라는 시대가 있을까? 그러나 현대처럼 전문가가 없다 이야기할 수 있는 시대가 있을까?

'전문가' 하면 무엇이 생각나는가? 높은 봉급? 공부를 많이 한 사람? 그리고 아무나 할 수 있는 것이 아닌 일을 하는 사람? 의사? 변호사? 교수?

(출처: http://managementhelp.org/
blogs/training-and-development/
files/professional-development.jpg)

이 그림은 **전문가**와 관련된 단어들을 데이터마이닝으로 분석한 이미지이다. 제일 크게 보이는 단어들은 가장 많이 언급된 단어들인데 person development, 그리고 individual, business, management, education, improving 등이 보인다.

전문가는 반드시 필요하다. '전문적인 지식과 능력이 있는 사람'을 의미하는 전문가는 참 매력적인 말이다. 한때는 부동산 이름으로 '석사부동산' '박사부동산'이 유행이었던 적이 있었다. 자녀를 양육하다 보면 자녀를 지도하는 교사를 만나게 되고, 학원 선생님을 만나게 되며, 어떤 경우에는 발달센터의 상담사를 만나게도 된다. 내 자녀의 지능 등을 알아보기 위해 발달센터에 가서 검사를 하는 일도 있고 특별히 '전문가'라고 하는 교수들이 나와서 하는 부모교육을 받아보기도 한다. 그때마다 참 좋은 이야기를 듣는데 이상한 것은 적용이 안 된다는 것이다.

누군가가 나에게 "전문가세요?"라고 묻는다면 나는 일차적으로 "어느 면에요?"라고 묻는다. 왜냐하면 부동산도 잘 모르고 다른 사람의 병을 고쳐주는 의술을 아는 것도 아니기 때문이다. 그래서 누군가가 나에게 "전문가세요?"라고 묻는다면 "어느 면에요?"라고 물을 것이고 만약에 상대방이 "선생님이 전문적인 분야가 어느 것인가요?"라고 묻는다면 "아~. 네, 저는 아이들에 대해 전문적인 지식을 가지고 있고, 아이들을 민감하게 관찰하여 파악할 수 있으며, 다양한 검사에 익숙하여 아이들에게 적합한 검사를 할 수 있지요. 그래서 어떤 경우 어떤 교육을 해야 하는지, 어떤 놀이를 소개해야 하는지, 또 어떤 치료와 상담을 해야 하는지를 전문적으로 압니다. 부모나 교사들의 양육/교육방법을 관찰하고 그 결과에 근거하여 보다 긍정적인 양육/교육방법으로 지도하는 것을 전문적으로 하구요. 그런 면과 관련된 전문적인 프로그램은 어느 유형의 대상이 오든 다 개발할 수 있습니다. 선도적인 관점을 가지고 있어서 앞으로 살아나갈 아이들한테 무엇이 필요한지를 남들보다 예민하게 볼 수 있고 그에 따라 교육전략, 지지전략 등을 짤 수 있지요."라고 답할 것이다.

하지만 "우리 아이한테 전문가세요?"라고 묻는다면 "당신의 자녀를 발달검사하고 관찰하겠습니다. 어머니와 상담도 할 것이고 자녀와도 대화를 해보겠습니다. 그리고 그 결과를 어머니와 자녀분과 함께 의논하겠습니다. 왜냐하면 제가 검사하고 관찰한 것은 아무리 길게 하였다고 해도 어머님이 자녀를 키우신 그 세월보다는, 그리고 자녀가 살아온 그 시간보다는 짧으니까요. 그래서 제가 검사하고 관찰한 바에 근거한 결과를 어머니나 자녀가 확인해주셔야 하지요."라고 할 것이다. 그러한 과정에서 어머니나 자녀에게 소상히 관찰결과와 검사결과를 알려줄 것이고 그 결과에 근거하여 앞으로의 교육방향, 진로개발 방향, 재능 발굴과 신장 전략 등을 소개할 것이다. '지시'가 아니라 '소개'할 것이다.

어느 어머니는 "전문가는 그렇지 않아. 전문가는 뭔가 어려운 말로 이야기할 텐데 이 사람의 말은 너무 이해하기가 쉬워. 그리고 전문가가 아무리 설명해줘도 내가 모르는 구석이 있어야 하는데 이 사람이 이야기하는 것은 내가 다 아는 거잖아."라고 할 수 있다. 정말 똑똑한 어머니다. 맞다. 내 자녀의 이야기니까. 그러면서 부모의 마음에 "정말이네. 내가 알고 있었던 부분이네." 한다면 그야말로 최고의 상황이다. 만약에 "아, 그게 그거였었구나." 한다면 그것도 좋다. "아, 진짜? 그런 면이 있었어?" 한다면 그 시점 이후부터 그 부분에 대해 좀 더 관심을 갖고 관찰해 보자.

이야기의 포인트는 내 자녀에게는 내가 제1순위 전문가가 되어야 한다는 것이다. 다시 좀 돌려서 이야기해보자.

옛날에는 학업수준이 그리 높지 않은 부모들에 비해 학교선생님들이 더 전문적인 지식을 가지고 학생들을 평가하고 그 특성을 파악해 왔다. "태현이는 친구들과 지내기를 좀 어려워하네요." 그러면 부모는 '학교'라는 상황이 아닌 곳에서는 잘 파악할 수 없는 면을 선생님이 이야기해주니 그것이 금과 같은 이야기였다. 한창 바쁘게 경제성장을 하던 때 맞벌이 부부였던 부모는 학교에서 오는 성적표로 내 자녀의 학업수준을 알 수 있었을 뿐이다. 퇴근하고 오면 이미 자녀는 자고 있었으니 다른 특성을 알기가 어려웠다.

그러나 지금은 부모들의 학업수준이 이전보다 높아졌고 시간 또한 (부모들은 여전히 바쁘다고 하겠지만) 이전보다는 많아졌다. 물론 우리나라 부모와 자녀의 대화시간이 평균 35초라는 슬픈 뉴스도 있지만 어쨌든 절대적 시간이 없는 것은 아니다.

그에 비해 학교에서는 이제 선생님들이 아이들에 대해 면밀하게 평가하고 지도하기 어려운 상황이 되었다. '닭이 먼저냐 달걀이 먼저냐'는 알 수 없지만 어쨌든 지금은 그러하다. 발달센터에 가면 좁은 평수의 하얀 방에 테이블 하나 있는 상황에 검사자와 아이가 단 둘이 마주 앉아 검사를 받는다. 그 상황에서 내 자녀의 모든 면이 다 파악되기는 참 어렵다. 더구나 성격 상 수줍음이 많고 위축됨이 많다면 더욱 그러하다.

그러니 부모가 전문가가 되어야 한다. 부모가 전문가가 될 수 있다. 부모의 학력 수준이 이미 높고 어느새 현대의 다양한 매스미디어를 통한 정보, 인터넷을 통한 정보, 그리고 커뮤니티 등의 활동을 통한 정보들이 있기 때문에 얼마든지 내 자녀에게 전문가가 될 수 있다.

하나만 약속하면 안 될까? 내가 내 자녀에게 전문가가 되는 것이다. 전문가가 되어 내 자녀를 가르치는 것이 아니다. 근거도 내 자녀여야 하고, 전략도 내 자녀에게 맞아야 하고, 그것도 내 자녀가 아니라 특정 내 자녀에게 맞는 전문가여야 한다는 것이다.

2030년에
준비된 인재로 키우기

지금 자녀가 몇 살인가? 많은 선진국 학자들은 2030년의 변화에 대해 이야기하고 있다. 이제는 '쓸데없는 소리'라고 치부하기 어렵다. 한국과학기술연구소(현 KIST)와 한국미래학회는 1971년 《서기 2000년의 한국에 관한 조사연구》라는 책자에서 "1990년쯤이면 중형 이상의 컴퓨터가 3천 대가 넘고, 2000년대에는 1만 대를 돌파할 것이다."라고 예측하였지만 사람들은 믿지 않았다. 1971년이면 나는 '컴퓨터'라는 글자도 모르던 시절이다. 그런데 2000년에는 이미 개인용 컴퓨터가 230만 대에 이르렀다. 그만큼 과학은 빠르게 발달하고 있다.

지금 여러 사이트에서는 2030년에 대해 예측하고 있다. 검색사이트에 들어가서 'year 2030'을 치면 '33 dramatic predictions for 2030', '11 predictions for the year 2030', '20 dramatic predictions for the year 2030', '10 Predictions for 2030' 등 이루 다 셀 수 없는 정보들을 볼 수 있다. 그중 미래학자 토마스 프레이(Thomas Frey)가 주장한 33개의 예측(http://www.futuristspeaker.com/2013/12/33-dramatic-predictions-for-2030/) 중 자녀의 미래와 주로 관련되었다고 보이는 다섯 가지를 추려 그에 따른 '준비된 인재'에 대해 이야기해보자. 우선 그는 앞으로의 20년이 인류 역사상 가장 변화가 많은 시대라고 하였다.

첫째, 2030년이 되면 전체 의사 중 80%가 기계화된 시스템으로 대체될 것이다. 세계적인 의학저널인 '뉴잉글랜드 저널 오브 메디슨'에 발표된 자료에 의하면 수술로봇으로 수술을 받은 환자와 전통적 방식, 즉 의사수술을 받은 환자들을 조사한 결과 합병중 발생 비율이 비슷했다. 다만 아직 로봇이 비싸다는 단점을 가지고 있다. 그러나 우리 모두는 알고 있다. 모름지기 기계란 처음 개발될 때는 그 가격이 비싸지만 기계 개발이 보편화되면서 가격이 급격하게 낮아짐을.

반면 2014년 보고에 의하면 전체 의료분쟁 판례 중 55.3%(690건)가 예방 가능한 것이었다. 2000년 이후 의료민사사건 중 대법원 판결과 서울고등법원 종결 판결 등 1,249건을 분석한 결과 의료사고를 일으킨 주체는 보건의료인이 97.6%였고 환자가 주체인 의료사고는 자살이나 자해 등이었다. 점차 의료행위에 대한 부담이 높아짐은 분명한 사실이다. 그러니 로봇에게 수술을 맡기는 사례가 늘어날 수밖에 없다.

둘째, 2030년이 되면 대부분의 차는 운전자가 운전하지 않는 자동화된 차일 것이다. 자율주행(autonomous driving), 즉 운전자가 운전하지 않는 메르세데스-벤츠 트럭을 개발한 베른하르트 박사는 자율주행과 관련된 법적 체계만 조속히 만들어지면 2020년대 중반 고속도로 파일럿 출시가 가능하다고 발표하였다. 많은 짐을 싣고 길이도 긴 트럭도 가능하다면 자동차쯤이야 얼마든지 자율주행이 가능하다는 이야기다.

핸드폰이 처음 보편화되기 시작했을 때 우리 모두는 핸드폰의 모양에 따라 자주 기종을 바꾸곤 했었다. 점점 더 작은 것으로 바꾸기도 하고 이동통신사를 옮겨가면서 각종 혜택을 받기도 했었다. 그러나 스마트폰이 생기고 나서는 모양보다는 그 기능에 집중하게 되었고 보다 다양한 앱을 구하기 시작하였다. 자동차도 마찬가지가 아닐까? 이제는 자동차 모양보다는 기능에 집중하게 되지 않을까?

셋째, 2030년이 되면 전체 건물 중 20%가 프린트된 건물들이 될 것이다. 3D 프린터가 나오면서 사실은 믿지 못하겠다는 반응이 더 많았던 것이 사실이다. 그릇이나 입체조각품 정도야 3D 프린터로 찍어낼 수 있다지만 자동차 외형을 맘대로 찍어낼 수 있고 3D 음식, 3D 식물 정도 되면 "에이~ 말이 돼?"라고 하기 쉽다.

그러나 2030년에는 전체 건물 중 20%가 프린트된단다. 이미 높이 6m 정도의 집은 3D로 만들고 있다. 2014년 3월 14일 네덜란드 건축회사 두스 아키텍츠가 6m 높이의 '방 만들어주는 기계'라는 별명의 거대 프린터를 이용해서 암스테르담에 빌딩을 짓기 시작한 것이다.

(출처: http://www.zdnet.co.kr/news/news_view.asp?artice_id=20140316092615)

넷째, 2030년이 되면 20억 개의 직업이 사라질 것이다. "우리 아들은 어떤 직업을 가지면 좋을까? 어떻게 안내하면 좋을까?" 이런 질문은 지금 성년이 된 아들을 둔 엄마들에게도 고민인데 하물며 지금 초·중·고등학생을 키우는 엄마들이야 오죽하랴? 의사가 되도록 하기 위해 노력하고 있는데 의사가 많이 줄어든다고 하면 그야말로 '멘붕'이 되고, 변호사가 되도록 하기 위해 노력하고 있는데 재판 자체가 없어질 수 있다고 해도 마찬가지다.

실제로 미래학자들은 2030년이 되면 20억 개의 직업이 사라질 것이라고 전망한다. 가장 대표적인 것이 교육의 변화로 교사 혹은 교수직이 사라지고, 교통의 변화로 각종 기사들(drivers, 아마 이유는 자율주행으로 인해 예측 가능할 것이다)이 사라진다. 3D 프린터의 영향으로 신발을 만드는 사람이나 디자이너들이 대거 사라지고, 로봇의 발달로 전통적인 어업종사자, 농부, 실험가들, 그리고 군인들이 사라질 것이라고 전망하고 있다.

다섯째, 2030년이 되면 50%의 전통적인 대학교가 사라지고 새로운 교육산업이 생겨날 것이다. 인정하기 싫어하는 사람들이 있을지 모르지만(더구나 자녀에게 늦게까지 암기 공부를 시키고 있는 부모들) 너무나도 확실히 대학교는 사라지고 있다. 주입식의 교육이 더 이상 필요 없음을 그렇게 강력하게 이야기하고 있음에도 불구하고 아이들은 아직 학원에서 암기 위주의 공부를 하고 있다. 기술의 발달을 내 자녀의 미래와 연관시키지 않으면 그런 부모들의 자녀는 미래 시대에 도태될 수밖에 없다. 어려서부터 검색의 전략을 익힌 아이들과 그렇지 않은 아이들은 차이가 있다. 여러분은 "검색을 잘 한다"는 말을 인정하는가?

교육이라면 항상 최고, 최선이길 원하는 대한민국이 이제야 무크(MOOC)를 만들고 있음은 솔직히 도태를 인정하지 않을 수 없는 대목이다. MOOC, 즉 Massively Open Online Course(개방형 온라인 강좌)는 우리나라의 학점은행제 등의 형태가 아니다. 현재 실제로 하버드대학교, 스탠퍼드대학교, MIT대학교, 프린스턴대학교 등 명문대학들이 무크 클래스를 개설하고 있고 이외에도 에덱스(edX), 콜세라(Coursera) 등이 개설되고 있다. MOOC가 모든 교육의 대체가 되지는 않겠지만 한 가지는 분명하다. 지금처럼 어려서부터 단순히 주입식으로 배우고 암기하고 암기한 것에 대해 평가하는 교육방식은 사라질 것이고 전통적인 대학교에서만 최고의 공부를 할 수 있다는 인식 또한 사라질 수밖에 없다. 이미 대학교에 있는 교수(저자도 1인이지만)는 자기가 입을 열어 가르치는 내용이 시대적으로 영향력이 줄어들었음을 인정하지 않을 수 없다. 인정하지 않는 이유는 밥그릇이 없어지지 않게 하기 위해서일 뿐이다.

미래학자 토마스는 **"아직 태어나지 않은 우리 아이들의 아이들은 우리에게 달려있다(Our children's children, who haven't even been born yet, are counting on you)."**고 하였다.

작년 어느 학회에서 미래예측과 관련된 발표들이 있었다. 당시 정년퇴임을 한 명성 높은 한 교수가 일어나 말했다. "난 그냥 빨리 죽을래~."

그 말은 그야말로 학자로서는 해서는 안 되는 말이었다. 학자는 한자로 '공부한 사람'이란 뜻이 아니라 '공부하는 사람'이라는 현재형의 말이다. 그 명성 높은 교수는 그 말의 뜻을 제대로 이해하지 못하고 있었던 듯하다.

그래서 우리는 이제 다중지능에 집중하려고 한다. IQ 세대였고 Lego를 처음으로 대하였던 부모세대가 다중지능 세대면서 LOL 게임을 하는 세대를 키운다는 것은 쉬운 일이 아니다. 그야말로 공부하지 않고서는 불가능한 일이다. 이렇게 시대가 변화하고 있고 2030년에 대한 예측이 당황스러운데 어떻게 **'내가 아는 것만으로' 내 자녀를 가르칠 수 있단 말인가?** 오히려 내가 낳은 내 자녀의 DNA를 믿고 그들의 가능성을 제대로 보고 인정하는 것이 더 쉬운 일이다.

그러니 이제 다중지능을 공부해보자. 부모인 나는 2030년에는 50~60대가 되지만 2030년에 20~30대인 내 자녀가 신나게 살도록 돕기 위해서는 각 개인의 강점을 보는 다중지능 그리고 내 자녀의 실제 강점을 아는 것이 너무나 중요한 일이다. 이제 시작해보자.

왜 다중지능인가?

아직도 다중지능을 모르는가? 어디에선가 들은 것 같기는 하지만 알 필요는 없다고 스스로 위안하는가? 다중지능도 한때의 유행일 것이라고 생각하는가?

내 자녀 혹은 내 학생들의 인생에 나로 인해 장애가 생기지 않도록 하려면 다중지능을 알아야 한다. 아무리 좋은 학원을 다녀도, 아무리 좋은 수업을 하여도, 자녀 혹은 학생들의 다중지능 유형을 모른다면 효과적인 교육을 할 수가 없기 때문이다.

내가 왜 여태 몰랐지?
미리 알았더라면 좋았을 걸.

지금이라도 늦지 않았다. 여러분들은 2030년 이 사회의 구성원이 되고 이 나라를 지탱해나갈 아이들을 위해서, 아니 어쩌면 60세가 지난 다음에도 사회의 구성원이 되어야 하고 자녀의 생계를 책임지는 일이 생기지 않도록 예방하려면 아이들의 다중지능 유형을 이해하고 파악하여 그에 따라 교육 지도해야 한다.

꽤 오랜 세월동안 IQ가 똑똑함을 대표하였다. 그러나 전형적인 IQ는 수과학 영역과 관련된 지능으로서 IQ가 낮은 아이들에 대해서는 능력이 있다고 여기지 않았다. 하버드대학교의 가드너 교수는 "사람마다 각자의 지능을 가지고 태어나며 지능의 조합 또한 서로 다르다"며 다중지능 이론을 주장하였다. 이미 대한민국에도 다중지능 이론이 들어왔으나 정형화된 대학입시, 그리고 이미 군을 대로 굳은 학교 교육과정으로 인해 '다중지능'이라는 이름만 들어왔지 실제 내용이 반영되고 있지는 못한 실정이다.

이에 간단하고 명확하게 다중지능을 설명해보기로 한다.

# 다중지능(Multiple Intelligence: MI)

"IQ가 높다"라고 함은 주로 수과학적 지능과 관련된 것이다. 영재 혹은 천재를 말할 때 주로 수학이나 과학을 잘하는 사람들을 가리켜 왔던 것도 주로 이 때문이다. 하지만 하워드 가드너(Howard Gardner) 가 다중지능(multiple intelligence)을 주장한 1980년대 이후로는 모든 인간이 각자의 재능, 즉 강점을 가지고 태어난다는 것이 진리로 인정 받고 있다.

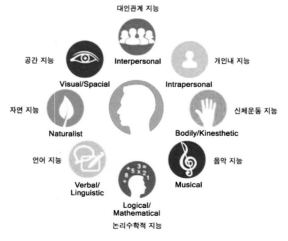

가드너는 '서구 지향주의', '시험 지향주의' 그리고 '최고 지향주의'가 각 개인의 재능을 보지 못하게 하였다고 지적하면서 우리 모두가 각자의 지능을 가지고 있고, 또한 그 지능들을 서로 다른 조합으로 가지고 있다고 주장한다. 만약 우리 모두가 '내가 가진 특징적인 지능'을 정확히 알 수 있다면 특정한 목적과 푯대를 향해 간다고 하더라도 보다 효과적이고 보다 효율적으로 갈 수 있고, 그로 인해 보다 적절하고 행복한 삶을 살면서 인류에 기여할 수 있다.

그러나 만약 자신의 지능조합을 적절히 이해하지 못하고 단지 주어지는 대로만 성장한다면 "사람은 자기가 가진 재능의 10%밖에 발휘하지 못한다"는 말에 위로를 받으며 그저 그렇게 살아갈 것이다. 이러한 이유로 2030년을 바라보는 자녀의 다중지능 조합을 정확히 아는 것은 매우 중요하다.

누가 내 자녀를 제일 정확히 알 수 있을까? 바로 부모다. 기질적으로 서로 다르게 태어나는 자녀의 영아기 때 특성을 알고 자녀가 좋아했던 놀이를 기억하고 자녀가 언제 집중하고 언제 산만해지는지를 경험으로 아는 부모가 제일 정확히 알 수 있다. 다만 내 자녀기 때문에 객관적으로 그리고 과학적 사고에 근거하여 보기가 어려울 뿐이다. 우선 개념적으로 여덟 가지 다중지능을 살펴보기로 한다.

## 공간지능(visual/spacial intelligence)

- 시각적·공간적 세계를 정확하게 지각하는 능력과 그런 지각을 통해 형태를 바꾸는 능력, 건축가, 미술가, 발명가 등과 같이 3차원 세계를 잘 변형시킴
- 색, 선, 모양, 형태, 공간과 이런 요소들 간에 존재하는 관계에 대해 민감하게 알아차리는 능력이 포함되고 창의적으로 시각화하는 능력, 공간에 대한 기억능력, 시각적 공간적 아이디어를 기하학적으로 표현할 수 있음

  (예: 한 번 갔던 길은 잘 잊어버리지 않음, 지도를 잘 봄, 이미지로 표현해 놓으면 기억을 하기 쉬움, 말보다는 그림으로 표현하기를 좋아함)

## 자연지능(natural intelligence)

- 생존을 위해 자연에 적응할 때 사용하는 감각능력, 환경으로부터 최상의 것을 선택해서 취함
- 다양한 풀, 꽃, 돌 등과 같이 식물, 광물, 동물 등의 자연물을 분류하고 인식할 수 있는 능력으로, 자연친화적이고 동물이나 식물의 채집을 좋아하며 동물들과 교감하는 능력 등이 포함됨

  (예: 어떤 동물이든 쉽게 친하고 동물의 마음을 앎, 식물이름 알아보기를 좋아함, 숲에 가면 힐링이 됨, 자연과 관련된 다큐멘터리를 좋아함)

## 언어지능(verbal/linguistic intelligence)

- 말로 하든 글로 하든 언어를 효과적으로 구사하는 능력으로, 단어의 소리나 리듬, 의미에 대한 감수성이나 언어의 다른 기능에 대한 민감성을 가짐
- 설득을 어떻게 해야 하는지 잘 알며, 토론학습시간에 두각을 나타내고, 유머나 말 잇기 게임, 낱말 맞추기 등을 잘함. 말을 잘하는 능변가가 많고, 똑같은 글을 써도 사람들의 웃음을 자아내거나 심금을 울림

  (예: 글쓰기를 잘함, 말하기를 즐겨 함, 말 수수께끼 놀이나 끝말잇기 놀이를 좋아함, 새로운 언어를 배우는 것을 재미있어함)

## 논리수학적 지능(logical/mathematical intelligence)

- 숫자를 효과적으로 사용하고 분석적으로 생각하는 능력으로, 기존 지능의 핵심이었음. 숫자나 규칙, 명제 등의 상징체계들을 잘 알고 만들어내기도 하며, 수에 관한 문제들을 잘 풀어냄
- 보다 체계적이고 과학적인 방법을 동원하여 문제를 해결하고 차량번호나 전화번호 등을 남들에 비해 잘 기억함

  (예: 암산을 좋아함, 숫자를 잘 기억함, 호기심이 많고 무엇이든 알아보려고 실험하는 것을 좋아함)

## 음악지능(musical intelligence)

- 가락, 리듬, 음색 등에 민감하며, 음악적 표현형식을 지각하고, 변별하고, 변형하며, 표현시킬 수 있는 능력. 음악적 기억력, 창의적 음악성, 음색, 음길이, 음높이와 같은 소리에 민감하여 절대음이 깨지면 기분이 나빠지는 등의 성향이 있음. 발자국 소리만 들어도 누가 오고 있는지 아는 등의 비언어적 소리에 민감하고 소리의 느낌을 다룸

- 한 번 들은 노래를 따라 부른다든지 음을 이용하면 기억을 잘하는 등의 특징이 있음

  (예: 암기할 때 음에 섞어 하면 더 기억을 잘함, 기분이 나쁠 때 혹은 기분이 좋을 때 흥얼거리기를 좋아함, 노래를 쉽게 배움)

## 신체운동지능(bodily/kinesthetic intelligence)

- 모든 신체를 이용해서 자신의 생각이나 감정을 표현하는 능력이 좋으며 운동할 때 균형, 민첩성, 태도 등이 좋음

- 생각이나 글이나 그림보다는 신체를 통해 표현해내는 능력이 뛰어나서 쉽게 운동이나 춤을 배우기도 하고, 세심하게 찰흙을 빚고 세심한 그림을 그리는 능력을 가지기도 함. 속도나 각도에 대한 계산을 감각적으로 함

  (예: 다른 아이들보다 운동을 빨리 배움, 쉬는 시간이 되면 어떻게든 밖으로 나가서 신체활동을 하고 싶어 함, 유독 운동경기에 승부욕이 강함)

## 개인내 지능(intrapersonal intelligence)

• 자기 자신에 대한 객관적인 이해와 지식수준이 높고 그에 기초하여 잘 행동할 수 있음. 쉽게 화를 내거나 기분이 좋아지거나 하는 등의 감정기복이 많지 않음

• 자기 자신에 대한 정확한 이해(장점과 단점), 자기 내면의 기분, 의도, 욕구 등에 대한 이해 능력뿐만 아니라 자기통제와 자기관리 능력이 높아서 타인의 칭찬보다는 자기 스스로의 만족을 구함. 때로는 개인주의적으로 보임

(예: 하루 중 얼마 동안은 혼자 있기를 좋아함, 쉬는 시간이 되면 자기가 하고 싶은 일을 선택해 집중해서 함, 기분이 나쁠 때는 말을 안 함)

## 대인관계지능(interpersonal intelligence)

• 다른 사람들과 교류하고, 이해하며, 그들의 행동을 해석할 수 있는 능력을 가져, 타인의 기분, 의도, 동기, 감정 등을 지각하고 구분할 수 있는 능력이 좋고 표정, 목소리, 몸짓 등에 대한 감수성이 높음

• 대인관계에서 나타나는 여러 가지 다양한 힌트, 신호, 단서 등을 구분할 수 있는 역량이 좋고, 또한 이것에 효율적으로 대처할 수 있는 능력이 좋아 주위에 친구들이 많고 친구들 관계에서도 중앙에 위치할 정도로 리더십이 뛰어남

(예: 조 활동을 하면 주로 조장역할을 함, 타인의 고민이나 어려움에 관심이 많음)

# 쉽게 따라 하는 다중지능 살리기

Brainery(www.brainery.kr)는 아동발달과 교육, 영재교육과 IT, 교육과정 개발자로서의 다년간 경험으로, 가정에서 쉽게 얻을 수 있는 재료와 방법으로 자녀의 다중지능을 키울 수 있는 활동을 개발 보급하기에 이르렀다.

아이들을 하나의 기준으로 보는 틀에 맞추는 것이 여전히 마음이 편하겠는가? 익숙하지 않은 교육방법을 수용하는 데 거부감이 있는가? 모두 여러분 본인의 이야기다.

그러나 앞으로의 세대를 살아나갈 그리고 그 안에서 행복했으면 하는 여러분의 자녀는 자신의 모습을 있는 그대로 봐주고, 개발시켜줄 누군가를 기다리고 있다. 다중지능 활동을 함께 하자.

# 다중지능 활동세트 구성 안내

- 다중지능(MI) 활동세트 활용 방법
- 다중지능 검사지
- 다중지능 검사결과 그래프
- 다중지능 활동과 관찰기록표
  - Blow(불기)
  - Break(깨기)
  - Collect(모으기)
  - Hiding Mind(마음 숨기기)
  - Make(만들기)
  - Make Stand(버티기)
  - Mix and Match(재미있는 혼합)
  - Open/Close(열기/닫기)
  - Pour(붓기)
  - Throw(던지기)
  - Tumble(흐르도록 하기)
  - Branding(나 꾸미기)
  - Build(세우기)
  - Cut(자르기)
  - Let Fall(떨어뜨리기)
  - Make Fly(날리기)
- 다중지능 놀이활동과 관찰기록표

# 다중지능 활동세트 활용 방법

1. 활동 전에 우선 일차 **다중지능 검사**를 한다. 검사 시 유의할 점은 다음과 같다.

   ① 부모 중 1인이 문제를 또박 또박 읽어주고 자녀에게 답하도록 한다.

   ② 목소리는 가능하면 담백하고 중립적인 목소리로 읽어주어야 한다. 예를 들어 문장 끝의 동사 '좋다' 등에 악센트를 주어 읽으면 자녀의 답에 영향을 줄 수 있다.

   ③ 자녀의 대답에 대한 의견을 주지 않는다. 예를 들어 "너 노래 잘하잖아."라든가 "그 정도면 잘하는 거야."라고 하거나 혹은 "아니지, 그 정도는 잘하는 건 아니야."라고 하는 일은 **절대** 없어야 한다. 한 문항에서라도 이와 같은 반응을 보이면 자녀는 그다음에 이어지는 모든 문항에 자신과 다른 모습의 '엄마가 바라는' 혹은 '아빠가 바라는' 모습으로 대답하게 된다.

   ④ 61문항의 질문을 일정한 속도와 높낮이로 진행해야 한다. 예

를 들어 질문하는 부모의 집중도가 흐트러지거나 일정하지 않으면 자녀는 금방 "얼른 대답해서 엄마를 기쁘게 해드려야 지."라고 판단하게 되어 섣부른 대답을 하게 되기 때문이다.

⑤ 모든 검사지를 채운 후 부모는 자녀가 보는 앞에서 점수를 내거나 결과를 보지 말고 자녀가 없는 시간에 점수를 내야 한다. 그리고 그 결과에 대해 자녀가 묻더라도 본 MI 활동을 다 마칠 때까지는 이야기하지 마라. 활동에 영향을 주기 때문이다.

2. 이상의 유의사항을 지키면서 모든 검사를 마쳤다면 아동이 보지 않는 공간과 시간을 택해서 결과를 내보라. 이 결과는 아동이 알지 못하도록 하되 모든 활동을 마친 후 비교하는 과정이 있으므로 잘 보관하여 두기 바란다.

3. 활동 16개를 한다.

① 활동의 순서는 중요하지 않다. 준비물이 완벽하게 준비되지 않았거나 실외에서 하는 활동을 하고 싶은데 날씨가 좋지 않다면 활동의 순서를 바꾸어도 된다.

② 활동을 시작하기 전 상호작용에 대한 지침을 읽어보도록 한다. 아동과 활동을 할 때 어떤 종류의 상호작용을 하느냐가 결과에 영향을 많이 미치기 때문이다.

③ 하나의 활동을 마칠 때마다 그 활동에 붙어있는 '활동 관찰 기록표'에 체크한다. 이 또한 최종 평가에 필요하므로 아동

이 보지 않도록 잘 보관하여 두기 바란다.

④ 활동하면서 아동이 기록을 남기고 싶어 하는 경우 맨 뒤에 있는 '창의활동 보고서'에 기록하면 좋다. 모자라는 경우 추가 복사하여 사용하면 된다.

4. 모든 활동을 다 마치고 활동 관찰기록표도 모두 작성하였다면 맨 마지막에 있는 종합평가를 하라. 이 점수표와 '활동 전' 하였던 다중지능 검사지의 그래프와 비교해보라.


만약 여전히 특정 지능이 높게 나타났다면 이제 검사한 아동의 다중지능을 확실히 알 수 있다. 그래프의 모양도 비슷하게 나왔다면 지능의 조합도 알 수 있다. 그렇다면 이제부터가 중요하다. 이제부터는 특히 난이도가 있는 학습을 하려고 할 때나 기분을 좋게 해주고 싶을 때 해당 지능에 연결되는 활동을 해주면 된다. 더욱 긍정적 관계를 맺으면서 동시에 아동의 정서가 안정되고 결과적으로 학업이나 수행에서의 결과도 좋아진다.

# MI 세트 활용 방법

다중지능검사

검사결과 그래프로 작성

MI 활동 16개 수행
각 활동별 체크리스트 작성

다중지능검사결과와 각 항목별 체크리스트 취합
최종 결과 작성

진로지도 결과 확인

# 다중지능 검사지

　본 검사지는 다중지능이론의 창시자인 하버드대학교의 Howard Gardner 교수가 개발한 검사지의 한국어판입니다. 자녀와 MI set를 시작하기 전에 '현재 내 자녀의 다중지능'을 체크하기 위해 시행해야 하는 검사지입니다. 본 검사지를 부모가 하기 위해서는 다음과 같은 주의사항을 반드시 지켜주어야 합니다. 만약 주의사항을 지키지 않으면 나오는 결과가 정확하지 않을 수 있으며 이는 자녀에 대한 앞으로의 지도와 양육에 좋지 않은 영향을 줄 수 있기 때문입니다.

1. 부모 중 1인이 문제를 또박 또박 읽어주고 자녀에게 답하도록 합니다.
2. 목소리는 가능하면 담백하고 중립적인 목소리로 읽어주어야 합니다. 예를 들어 문장 끝의 동사 '좋다'등에 악센트를 주어 읽으면 자녀의 답에 영향을 줄 수 있습니다.
3. 자녀의 대답에 대한 의견을 주지 않습니다. 예를 들어 "너 노

래 잘하잖아."라든가 "그 정도면 잘하는 거야."라고 하거나 혹은 "아니지, 그 정도는 잘하는 건 아니야."라고 하는 일은 절대 없어야 합니다. 한 문항에서라도 이와 같은 반응을 보이면 자녀는 그다음에 이어지는 모든 문항에 자신과 다른 모습의 '엄마가 바라는' 혹은 '아빠가 바라는' 모습으로 대답하게 됩니다.

4. 61문항의 질문을 일정한 속도와 높낮이로 진행해주어야 합니다. 예를 들어 질문하는 부모의 집중도가 흐트러지거나 일정하지 않으면 자녀는 금방 "얼른 대답해서 엄마를 기쁘게 해드려야지." 라고 판단하게 되어 섣부른 대답을 하게 되기 때문입니다.

5. 모든 검사지를 채운 후 부모는 자녀가 보는 앞에서 점수를 내거나 결과를 보지 말고 자녀가 없는 시간에 점수를 내야 합니다. 그리고 그 결과에 대해 자녀가 묻더라도 본 MI 활동을 다 마칠 때까지는 이야기하지 마세요. 활동에 영향을 주기 때문입니다.

다중지능검사를 부모가 하는 이유는 크게 두 가지로 설명할 수 있습니다. 하나는, 센터 등에서 자녀를 처음 만나 하는 전문검사로는 자녀를 100% 알기 어렵기 때문입니다. 성장기의 자녀는 일상적인 생활 현장에서 익숙한 사람에 의해 관찰되는 것이 적절합니다. 다른 하나는, 이 시대의 부모의 역할 중 가장 큰 역할이 전문적인 관찰이라고 보기 때문입니다.

1. 어떤 친구가 도움이 필요한 친구인지 알 수 있다.

( O , X )

2. 내가 제일 좋아하는 텔레비전 프로그램은 자연에 관한 다큐멘터리다.

( O , X )

3. 피곤한 것인지, 기분이 나쁜 것인지, 짜증이 난 것인지를 구별할 수 있다.

( O , X )

4. 무슨 일이든 잘한다.

( O , X )

5. 친구들 사이의 싸움을 해결해주고 화해시켜 주는 사람이다.

( O , X )

6. 숨쉬기, 빠르기, 셈여림, 감정을 잘 살려 노래를 부를 수 있다.

( O , X )

7. 수의사, 원예사나 기상예측자 등 자연과 관련된 직업을 가지고 싶다.

( O , X )

8. 무용이나 운동 배우기를 좋아한다.

( O , X )

9. 악보에 나오는 모든 기호들의 뜻을 잘 안다.

( O , X )

10. 몸놀림이나 손놀림이 민첩하다.

( O , X )

11. 또래 친구들이 모르는 낱말의 뜻도 잘 알고 있다.

( O , X )

12. 때때로 건방지게 구는 친구를 보면 싸워서 고쳐주고 싶다.

( O , X )

13. 다른 친구가 쓴 글에서 틀리게 쓰인 말이나 잘못된 문장을 찾아내곤 한다.

( O , X )

**14.** 누가 연주를 잘하는지, 못하는지 혹은 노래를 잘하는지 못하는지 알 수 있다.

( O , X )

**15.** 다른 과목보다는 수학이나 과학을 더 잘한다.

( O , X )

**16.** 길을 잘 찾는 편이다.

( O , X )

**17.** 논리정연하며 토론을 잘한다는 칭찬을 듣는다.

( O , X )

**18.** 운동을 잘한다는 칭찬을 자주 듣는다.

( O , X )

**19.** 어떤 일의 원인이나 이유를 알아내는 것이 재미있다.

( O , X )

**20.** 글을 잘 쓴다고 칭찬을 듣는다.

( O , X )

**21.** 음식점이나 가게에서 거스름돈 계산을 빠르게 잘 한다.

( O , X )

**22.** 선생님 말씀에 따라 과학실험을 잘한다.

( O , X )

**23.** 동물원이나 식물원에 가는 것을 좋아한다.

( O , X )

**24.** 나는 나 혼자만의 시간이 꼭 필요하다.

( O , X )

**25.** 만들거나 그림 그리는 것을 좋아한다.

( O , X )

**26.** 다른 사람의 말 속에서 틀린 말이나 잘못 쓰인 것을 잘 찾아낸다.

( O , X )

**27.** 위인전을 읽고 배울 점을 찾기를 좋아한다.

( O , X )

**28.** 어떤 것이든 한두 번만 보면 비슷하게 그릴 수 있다.

( O , X )

**29.** 집이나 학교에서의 내 역할이 무엇인지 안다.

( O , X )

**30.** 어려움에 처한 사람을 모두 돕고 싶다.

( O , X )

**31.** 고장 난 기계나 물건을 잘 고친다.

( O , X )

**32.** 커서 동시나 동화작가, 아나운서가 되고 싶다.

( O , X )

**33.** 십자수, 조각, 조립과 같이 손놀림이 섬세해야 하는 활동을 잘할 수 있다.

( O , X )

**34.** 국어시간이나 글쓰기 시간을 좋아한다.

( O , X )

**35.** 어떤 일에 실패했을 때 '다음에는 그러지 말아야지'라고 깊이 새긴다.

( O , X )

**36.** 책이나 글을 읽으면 빨리 이해한다.

( O , X )

**37.** 악기를 쉽게 배운다.

( O , X )

**38.** 친구들의 고민거리를 들어주거나 도와주는 것을 좋아한다.

( O , X )

**39.**친구든, 선생님이든, 형제든 누구하고나 잘 지낸다.

( O , X )

**40.** 놀이나 게임을 하면 꼭 이기고 싶다.

( O , X )

**41.** 친구와 싸웠을 때 어떻게든 빨리 화해하려고 한다.

( O , X )

**42.** 항상 음악을 즐겨 듣는다.

( O , X )

**43.** 개그맨, 탤런트, 가족이나 주변사람들의 행동을 잘 흉내 낼 수 있다.

( O , X )

**44.** 다른 사람들로부터 정이 많고 친절하다는 소리를 듣는다.

( O , X )

**45.** 탐험을 좋아한다.

( O , X )

**46.** 하루를 돌아보며 앞으로의 생활을 계획하는 일을 좋아한다.

( O , X )

**47.** 혼자서 곤충기록이나 식물기록 일지를 만들어보곤 한다.

( O , X )

**48.** 평소에 내 능력이나 재능을 키우기 위해 노력한다.

( O , X )

**49.** 친구들 사이에 인기가 많다.

( O , X )

**50.** 집에서 양파나 꽃 기르기, 곤충 기르기, 애완견 기르기 등 무엇인가 기르기를 한다.

( O , X )

**51.** 공부할 때 그림을 그리거나 개념 지도(마인드 맵)을 그리면서 한다.

( O , X )

**52.** 말을 잘 한다는 소리를 듣는다.

( O , X )

**53.** 날씨, 기후, 음식의 맛을 다른 사람보다 잘 안다.

( O , X )

**54.** 음악을 들으면 그 곡의 빠르기나 음의 높낮이를 알 수 있다.

( O , X )

**55.** 인라인 스케이트, 자전거 등 몸을 많이 움직이는 활동을 좋아한다.

( O , X )

**56.** 내 방이나 물건을 예쁘게 꾸미고 정리하기를 좋아한다.

( O , X )

**57.** 절대로 거짓말하지 않는다.

( O , X )

**58.** 어떤 운동이라도 몇 번만 해보면 잘할 수 있다.

( O , X )

**59.** 방과 후 활동으로 노래배우기, 피아노 같은 악기 배우기를 하고 싶다.

( O , X )

**60.** 어떤 것을 그냥 외우기보다는 이유를 따지면서 외우는 것이 더 좋다.

( O , X )

**61.** 그림 그리기나 만들기를 잘한다는 칭찬을 듣는다.

( O , X )

# 다중지능 검사결과 그래프

1. 기본적으로 O는 1점, X는 0점입니다.
2. 다음 표에 따라 각 지능영역별로 합점을 냅니다. 각 영역별로 7점 만점입니다.

| 지능 | 문항번호 | 합 |
|---|---|---|
| 음악지능 | 6,9,14,37,42,54,59 | |
| 신체지능 | 8,10,18,33,43,55,58 | |
| 논리수학적 지능 | 15,17,19,21,22,26,60 | |
| 공간지능 | 16,25,28,31,51,56,61 | |
| 언어지능 | 11,13,20,32,34,36,52 | |
| 대인관계지능 | 1,5,38,39,41,44,49 | |
| 개인내 지능 | 3,24,27,29,35,46,48 | |
| 자연지능 | 2,7,23,45,47,50,53 | |
| 허위영역 | 4,12,30,40,57 | (계산하지 않음) |

*허위영역을 넣는 이유는 검사를 받는 아동의 일관적이고 진실한 응답을 돕기 위해서다.

3. 다음 그래프에 점을 찍은 후 그려봅니다.

```
7  ┈┈┈┈┈┈┈┈┈┈┈┈┈┈┈┈┈┈┈┈┈┈┈┈┈┈┈┈┈┈┈┈┈┈┈┈┈┈┈┈┈┈┈┈┈┈┈┈┈┈┈┈
6  ┈┈┈┈┈┈┈┈┈┈┈┈┈┈┈┈┈┈┈┈┈┈┈┈┈┈┈┈┈┈┈┈┈┈┈┈┈┈┈┈┈┈┈┈┈┈┈┈┈┈┈┈
5  ┈┈┈┈┈┈┈┈┈┈┈┈┈┈┈┈┈┈┈┈┈┈┈┈┈┈┈┈┈┈┈┈┈┈┈┈┈┈┈┈┈┈┈┈┈┈┈┈┈┈┈┈
4  ┈┈┈┈┈┈┈┈┈┈┈┈┈┈┈┈┈┈┈┈┈┈┈┈┈┈┈┈┈┈┈┈┈┈┈┈┈┈┈┈┈┈┈┈┈┈┈┈┈┈┈┈
3  ┈┈┈┈┈┈┈┈┈┈┈┈┈┈┈┈┈┈┈┈┈┈┈┈┈┈┈┈┈┈┈┈┈┈┈┈┈┈┈┈┈┈┈┈┈┈┈┈┈┈┈┈
2  ┈┈┈┈┈┈┈┈┈┈┈┈┈┈┈┈┈┈┈┈┈┈┈┈┈┈┈┈┈┈┈┈┈┈┈┈┈┈┈┈┈┈┈┈┈┈┈┈┈┈┈┈
1  ┈┈┈┈┈┈┈┈┈┈┈┈┈┈┈┈┈┈┈┈┈┈┈┈┈┈┈┈┈┈┈┈┈┈┈┈┈┈┈┈┈┈┈┈┈┈┈┈┈┈┈┈
    음악    신체    논리수학    공간    언어    대인관계    개인내
```

# 다중지능 활동과 관찰기록표

- Blow(불기)
- Branding(나 꾸미기)
- Break(깨기)
- Build(세우기)
- Collect(모으기)
- Cut(자르기)
- Hiding Mind(마음 숨기기)
- Let Fall(떨어뜨리기)
- Make(만들기)
- Make Fly(날리기)
- Make Stand(버티기)
- Mix and Match(재미있는 혼합)
- Open/Close(열기/닫기)
- Pour(붓기)
- Throw(던지기)
- Tumble(흐르도록 하기)

## Activity Blow(불기)

바람의 성질과 바람의 힘 활용 등을 연령적 수준에 맞게 이해하고 적용하며 긍정적 정서를 경험하도록 한다. 일차적으로는 공간지능을 높이고 과학적인 사고를 통해 자연지능, 그리고 움직임과 리듬감 발현을 통해 음악지능을 함께 신장시킬 수 있는 활동이다.

### 다중지능 유형별 상호작용 *Tip*

- 자녀가 공간지능이 높다면: 놀이를 진행하면서 모양의 다양함으로 유도한다.
- 자녀가 자연지능이 높다면: 비눗방울 속에 자연스럽게 보이는 자연의 구부러진 모습들을 보게 하며 빛과 그림자, 상의 왜곡 등을 경험하게 한다.
- 자녀가 음악지능이 높다면: 다양한 음악을 틀어주어 비눗방울 놀이와 리듬의 결합 그리고 몸 움직임의 결합을 경험하게 한다.

### 부수적 목적

① 자기통제능력(self control)

빠른 시간 안에 대충 모양을 잡아서 행동하면 처음 가졌던 생각이나 기대보다 자신의 디자인이 부족해보일 수 있으므로 기획을 하고 신중하게 결정하고 만드는 작업에 들어가는 자기통제능력이 요구된다.

② **의사결정능력**(decision making)

작은 단위로 시도하고 수정하면서 의사결정을 하는 과정을 경험한다. 특히 비눗물의 농도를 스스로 조절하려면 작은 모양으로 우선 시도 수정하는 단계를 거쳐야 한다. 만약 처음부터 큰 모양으로 시도하면 "작은 모양으로 한 번 시도해보면 어떨까?"라고 개입해도 좋다.

③ **긍정적 자기표현**(express oneself)

모든 개인은 긍정적 정서를 적극적으로 표현하면서 자신에 대한 긍정적 인식을 할 수 있다. 정서 자체의 표현을 위축시키거나 억제하기보다는 어떤 정서든 밖으로 표현하는 것이 중요하다.

④ **긍정적 정서의 공유와 애착 신장**(sharing and attachment)

가족 간에 긍정적 정서를 공유하는 경험이 누적되면 애착의 신장에 도움을 많이 받게 된다.

## 재료

구부러지기 쉬운 철사, 천으로 된 노끈, 비눗물 재료(주방세제 + 물 동량, 글리세린 약간 혹은 물엿 약간), 대야, 봉

**지도방법**

① 부모는 자녀에게 본 활동을 소개한다.
   - 비눗방울 놀이를 보여주며 관심을 유도한다.
   - 준비 제공된 철사로 다양한 모양을 만들고 비눗물의 농도를 조절하여 비눗방울 놀이가 달라질 수 있음을 설명한다.

② 큰 대야와 철사 그리고 천으로 된 노끈, 그리고 주방세제와 물, 글리세린 혹은 물엿을 제공한다. 충분한 공간과 시간을 주어 만들고 시험해보도록 한다.

③ 부모도 따로 만들어 본 후 모여서 각자의 비눗방울 틀을 구경하고 어느 것이 잘되는지 테스트해본다.

④ '왜 글리세린 혹은 물엿을 넣었을까'에 대해 이야기를 나눠본다.


**상호작용 *Tip***

어릴 때 했던 활동이라 하더라도 충분히 과학적으로 이해하고 있느냐는 다른 쟁점이다. 부모는 다양한 비눗방울 틀을 만들 수 있도록 격려한다. 또한 철사로 하느냐 노끈으로 하느냐에 따라 다른 느낌과 결과를 가져올 수 있음도 경험시켜주면 좋다.

단순히 동그라미 혹은 네모로 하는 것이 아니라 복합적인 모양을 만들기도 하고, 줄을 흔들며 다양한 무지개 색이 나타나도록 할 수도 있다. 과감한 시도를 해보면서 다중지능 신장을 의도적으로 애써주기 바란다.

"재미있는 모양을 생각해냈구나. 항상 재미있는 생각을 하는 걸 보니까 ○○는 참 창의적인 것 같다."

"농도를 딱 잘 맞추었네. 이게 묽으면 이렇게 모양이 오래 지속되지 않는단다."

"사람을 통과할 수 있게 만들다니 대단한 걸."

확장이 되면 확장되는 대로 길을 열어주며 도전을 하도록 격려한다.

**"비눗방울로 보니까 나무가 이상해보여."**

→ 자녀의 자연지능과 공간지능을 확인할 수 있는 말이다. 만약 자녀가 이렇게 말하거나 이와 유사하게 말한다면 '상(像)'의 왜곡과 관련한 활동으로 확장해주면 좋다. 숟가락이나 거울을 이용하는 등의 '왜곡'실험을 해보면 좋다.

**"엄마, 진짜 재미있지? 엄마도 재미있어?"**

→ 자녀가 이 활동을 통해 무엇보다 긍정적 정서의 공유를 원한다고 판단해도 좋다. 긍정적 정서의 공유는 부모와 자녀가 평생 유지하면 좋다. 만약 자녀가 이렇게 말하거나 이와 유사하게 말한다면 자주 함께 놀이하는 경험을 주어라. 가장 쉽게 부모자녀관계를 다지고 안정화시키며 지속시키는 효과가 있다.

## 활동 관찰기록표: Blow

### 〈MI〉

| | 그렇지 않다 | 거의 그렇지 않다 | 보통 이다 | 그런 편이다 | 매우 그렇다 |
|---|---|---|---|---|---|
| 놀이를 진행하면서 다양한 모양을 시도하고 자발적으로 만들어보며 즐거워한다(공간). | 1 | 2 | 3 | 4 | 5 |
| 비눗방울을 다양하게 만들어보며 그 안에 나타나는 자연스런 변화나 현상에 대해 궁금해 하고 질문도 한다(자연). | 1 | 2 | 3 | 4 | 5 |
| 놀이를 하면서 흥얼거리기도 하고 몸동작을 창의적으로 해보거나 리듬을 스스로 타기도 한다(음악). | 1 | 2 | 3 | 4 | 5 |

## 질문 있어요 선생님!

**Q.** 아이는 일단 시작하면 이 놀이도 좋아하고 자꾸 더 하자고 하는데 시작하기가 힘들어요. 아무도 없는데도 "엄마 먼저 해봐" 하기도 하구요. 이건 이 유형의 지능이 없다는 뜻이지요?

**A.** 아닙니다. 활동을 시작하면 좋아하고 더구나 더 하자고 반복놀이를 청하는 경우는 지능이 일단 있다고 보시면 됩니다. 다만 정서적 성향, 즉 다소의 위축이 있다고 보실 수도 있고 기질적으로 조심스런 경향이 있다고 해석하시면 됩니다. **이런 자녀의 경우 어떤 활동이든 새로 시작할 때 바로 시작하지 마시고 재료를 같이 보시거나 그냥 자녀의 방에 넣어두시고 자녀가 관찰하다가 만지작거리기 시작할 때 활동을 시작하시면 좋습니다.** 만약 그 과정 없이 "바로 하자" 혹은 "빨리 해"라고 하시면 활동 자체를 거부하게 되기도 하고 오히려 가지고 있는 다른 지능조합까지 나타나는 것을 막을 수 있기 때문입니다.

**Q.** 우리 아이는 저보고 비눗방울을 만들라고 하고는 쭈그리고 앉아서 비눗방울의 움직임만 보고 싶어 하더라구요. 빛이 많은 쪽으로 가서 또 하자고 하는데 이건 자발적이지 않은 것이지요?

**A.** 아닙니다. 특히 자연지능이 특별히 높아서입니다. 다른 활동에서도 이런 반응이 나타나는지 보시면 좋습니다.

## Activity Branding(나 꾸미기)

　앞으로 다가오는 시대에는 누군가에 의해 내가 평가되고 누군가에 의해 내가 만들어지는 것이 아니라 스스로를 브랜드로 창조하는 것이 필요하다. 브랜딩이란 어느 순간 이루어지는 것이 아니라 스스로 나만의 브랜드를 창조하는 것이 습관화되어 수시로 자신을 점검하고 만들어가는 것이다. 개인내 지능과 언어지능을 일차적으로 높이지만 각자의 지능유형별로 신장시킬 수 있는 좋은 활동이다.

### 다중지능 유형별 상호작용 *Tip*

- 자녀가 개인내 지능이 높다면: 부모의 격려나 지지를 최대한 줄이고 몰입할 수 있도록 한다.
- 자녀가 언어지능이 높다면: 자신이 최대한 브랜딩할 수 있도록 커다란 종이 등을 제공해주고 전시 공간을 마련해주는 등의 액션을 한다.
- 만일 자녀가 다른 유형의 지능이 높다면: 음악지능이 높은 경우 음악을 통해, 신체지능이 높은 경우 신체활동을 통해, 공간지능이 높다면 다양한 이미지를 검색하고 그를 통하여 활동하도록 돕는다.

## 부수적 목적

① 의사결정능력

많은 자료들 중에서 어떤 것을 선택할 것인지, 그 자료들을 어떤 것을 취하고 어떤 것은 버릴지, 취한정보들을 어떻게 엮을 것인지에 대한 의사결정을 하고 그것을 실행하는 것에 대한 결정력을 가지게 한다.

② 브랜딩(branding)

내가 표현하는 것을 통해 나를 나타내고 나만이 꾸밀 수 있는 것을 정하여 다른 사람들에게 그를 브랜딩화하여 나타낼 수 있는 능력을 신장시킨다.

③ 자기표현(self express)

매체를 통해 스스로를 표현해봄으로써 그리고 그에 대해 지지적인 반응을 받으면서 자기표현능력을 신장시킨다.

④ 창의적 사고(creative thinking)

다양하게 생각해보고, 돌려서 생각해보고, 뒤집어 생각해보고 자료를 찾아보고 하는 등의 다양한 활동을 통해 본인의 창의적 사고를 확장하는 방법을 경험한다.

## 재료

컴퓨터, 다양한 재료들(각자가 취한 선택에 따라 재료가 달라질 수 있음. 기본적으로 표현을 위해 종이와 필기도구가 필요하겠지만 활동을 크게 하는 것이 도움이 되므로 A4용지보다는 전지를 권함)

## 지도방법

① 부모는 자녀와 브랜딩에 대해 이야기를 나눈다.

- "우리 각자는 각기 다른 모습을 가지고 있단다. 그리고 그것을 가장 잘 아는 사람은 본인이란다."

- "엄마는 우리 ○○이의 엄마지만 사실은 ○○이를 다 안다고 하기 어렵단다. 그러니 너는 네가 가장 안다고 할 수 있지."

② **나의 장점**을 열 가지 써보도록 한다. 처음에는 "내가 장점이 열 가지나 있어?"라고 할 수 있지만 적는 내용에 제한을 두지 않으면 가능하다. 남이 평가하는 장점이 아니라 자신이 평가하는 장점이다(예: 나대기를 좋아한다, 남들보다 쉽게 지치지 않는다, 멍 때리기를 잘한다 등).

③ 자녀가 적은 장점 중 가장 큰 장점을 세 가지 고르도록 한다. 그리고 그것을 검색해서 대표인물을 찾도록 한다. 단, 한글로 된 정보보다 영어로 치는 것이 도움이 되므로 일차적으로 검색사이트에서 '번역'을 쳐서 해당 단어의 영어를 찾는다. 그 후 이미지 혹은 동영상으로 검색하면 보다 쉽게 정보에 접근할 수 있다.

④ 충분히 검색을 경험한 후 자신에 대한 홍보물을 만들어보도록 하며 그것을 보기 좋은 장소에 게시한다.

## 상호작용 *Tip*

인터넷에는 수많은 정보들이 들어 있다. 옳은 정보도 있고 틀린 정보도 있을 것이며 적절한 정보도 있고 부적절한 정보도 있다. 앞으로의 세대에서는 '검색을 잘하는 것'이 무척 중요하다. 자신이 원하는 정보를 가장 효율적이고 효과적으로 찾는 것이 필요하다는 의미다. 자녀가 자신을 브랜딩할 때 부모는 **부모의 평가를 아껴야 한다.**

"야, 어디 네가 글쓰기를 좋아하니? 네가 글쓰기를 좋아하면 누구든 다 그러겠다."
"왜, 너 노래 잘하잖아?"
"얘, 이건 중요한 능력이 아니지."

댄 쇼벨의 ≪ME 2.0—나만의 브랜드를 창조하라≫를 읽어보는 것도 도움이 된다.

## 활동 관찰기록표: Branding

### 〈MI〉

| | 그렇지 않다 | 거의 그렇지 않다 | 보통 이다 | 그런 편이다 | 매우 그렇다 |
|---|---|---|---|---|---|
| 자녀는 자기가 잘하는 것이나 좋아하는 것이 무엇인지를 잘 알고 있고, 스스로 생각해보려고 애를 써 자신의 장점을 적어나간다(개인내). | 1 | 2 | 3 | 4 | 5 |
| 자녀가 쓴 글을 보면 자녀의 어떤 점이 장점인지를 알 수 있을 정도로 사실에 근거하여 객관적으로 쓴다(언어). | 1 | 2 | 3 | 4 | 5 |
| 자녀가 적은 장점을 보면 자녀는 특정 지능에 대해 특별히 강조하고자 한다(ㅇㅇ지능: 해당 지능을 적어라). | 1 | 2 | 3 | 4 | 5 |

## 질문 있어요 선생님!

**Q. 해당지능을 적으라는 건 무슨 말이지요?**

**A.** 만약 자녀가 열 가지의 장점 중 세 가지를 고를 때 "이게 제일 좋아."라든가 "이걸 제일 잘해."라고 표현한다면 그 영역을 적어주시면 됩니다. "난 운동을 잘해."라고 했다면 신체지능이라고 적어주시고 "난 친구가 많아."라고 한다면 대인관계 지능이라고 적어주시면 됩니다. 나중에 합점을 낼 때 그대로 적용될 수 있습니다.

**Q. 웃긴 질문이지만 아이가 자기가 제일 잘한다고 적은 것이 말이죠. 제가 보기에는 하나도 잘하는 게 아닌 거예요. 그래도 그대로 인정하나요?**

**A.** 네, 맞습니다. 그대로 인정합니다. 교사나 부모, 즉 자녀 주변의 성인이 평가하는 것보다는 자신이 평가하는 것이 더 정확하다는 것이 충분히 증명되었습니다. 특히 만 8세 이후의 개인에게는 더욱 그러하지요. 따라서 어머니께서 보시기에 아니다 싶더라도 자녀가 말한 장점을 그대로 인정해주십시오.

**Q. 우리 아이는 열 가지를 다 못 적겠다고 하는데 어떻게 해야 하나요?**

**A.** 열 가지를 적으라는 것은 가능하면 자신의 장점에 집중하도록 하기 위함입니다. 세 가지를 적자고 하기보다는 열 가지를 적자고 하면 보다 깊이 자신의 장점을 고민하니까요. 하지만 다섯 개를 넘었다면 힘들어할 때 중지해주셔도 좋습니다.

## Activity Break(깨기)

각자가 가지고 있는 의견이나 생각을 언어로 표현하고 다른 사람의 의견이나 생각을 들은 후 그에 대한 찬성 혹은 반대 등을 또한 언어로 표현할 수 있도록 하는 활동이다. 일차적으로 **언어지능**을 높이고 **대인관계지능**, 그리고 체계적인 언어순서를 정함으로써 **논리수학적 지능**도 신장시킬 수 있는 활동이다.

### 다중지능 유형별 상호작용 *Tip*

- 자녀가 언어지능이 높다면: 자녀의 다양하고도 개방적인 언어표현을 수용하고 격려한다.
- 자녀가 대인관계 지능이 높다면: 다른 사람을 자기 논리로 설득해볼 수 있도록 글로 써보거나 실제로 연설을 해보는 경험을 준다.
- 자녀가 논리수학적 지능이 높다면: 다른 사람에게 자신의 의사를 표현하되 '설득' 혹은 '권유'를 하기 위해서는 어떤 논리적 체계로 말을 할 것인지에 대해 도표나 이미지로 그려보도록 유도한다.

### 부수적 목적

① 의사결정능력

많은 정보들 중에서 어떤 정보를 선택할 것인지를 결정하고 그를 어떤 논리적 순서로 배치하여 말할 것인지에 대한 결정이 있어야 한다.

② **자긍심**(self esteem)

스스로의 논리로 말을 하면서 다른 사람을 설득하거나 이해시키는 경험을 반복하여 하는 것은 자긍심 발달에 무척 효과적이다. 단지 자긍심을 적절히 신장시키기 위해서는 자녀가 하는 말마다 "와, 멋지다." 혹은 "그러네. 잘했다."라고 하기보다는 부모 역시 열심히 듣고 잘 이해가 안 되면 "다시 한 번만 설명해줄래?" 혹은 "조금만 쉽게 설명해줄래?"라고 유도해주는 것이 좋다.

③ **자기표현**

스스로 자기표현능력이 다소 부족하다고 여기는 아동 청소년들은 준비 활동 시간 중에 부모의 도움을 받을 수 있도록 한다. 혹은 자기표현을 위해 해당 청소년이 원하는 만큼의 실습을 할 수 있도록 지원한다.

## 재료

**인종**(race)**과 관련된 가면**(함께 만들어보아도 좋고, 인터넷에서 찾아 프린트해서 써도 됨), **컴퓨터**(혹은 검색이 자유로운 스마트폰 활용)

## 지도방법

① 부모는 자녀에게 본 활동을 소개한다.

- 스스로 사회적 현상에 대해 어떤 생각을 가지고 있는지 점검하는 활동

- 정보에 기준하여 수정해야 할 본인의 생각이 있으면 그를 깨는 활동

② 스스로 선택한 인종가면을 가지고 스스로 그 '인종'에 대해 가지고 있는 생각을 적어보도록 한다.

③ 생각을 적은 종이를 잠시 덮어주고 스스로 선택한 인종가면을 가지고 컴퓨터를 활용하여 '인종'에 기준한 강점을 찾도록 한다.

④ 자신이 가지고 있던 생각을 적은 것과, 정보에서 강점을 찾은 것을 놓고 논리적 순서를 갖추어 적어보도록 한다.

⑤ 자신이 가지고 있었던 생각을 부모나 형제에게 대신 읽도록 하고 본인은 컴퓨터를 통해 얻은 강점정보를 가지고 사회극에 임한다.

## 상호작용 *Tip*

대입에서 논술이 중요한 학생선발 기준이 되었음에도 불구하고 또한 이를 위해 중·고등학교에 특별히 '질문시간'을 만들기도 하고 '논술교실'을 엶에도 불구하고 정해진 틀대로 논술문을 쓰거나 발표하는 것 이외에는 큰 효과를 거두지 못하고 있다. 무엇보다 어릴 때부터 자

신의 논리를 가지고 자기주장을 펴고 그로 인해 남을 설득하거나 이해시켜보는 것이 우선되어야 하기 때문이다.

일차적으로 개방적인 분위기의 상호작용이 필요하다. 자녀가 성장하면서 발표를 잘하고 논리적이고 체계적인 글을 쓰기 원한다면 아동기에서부터 '어떤 이야기를 하든 수용된다'는 느낌을 가지고 언어활동을 하도록 한다. 아기가 옹알이를 벗어나 말을 하기 시작하는 것은 주변 성인들이 옹알이에 기뻐하고 칭찬해주기 때문이다. 이와 마찬가지다.

"그렇게 생각했구나. 재미있는 생각인 걸."

"어떻게 그렇게 생각했어? 그래서, 그래서 그다음에는?"

"아, 정말 그럴 수 있겠구나."

논리적 순서가 다소 부족하다고 여겨진다면 추임새를 적절하게 넣어준다. 추임새는 "그러나" 혹은 "그래서" 혹은 억양만으로도 메시지를 전달할 수 있다. 자녀의 주도성을 훼손하지 않는 범위 내에서 약간의 수정을 해주는 것도 좋다.


자녀: 얼굴이 까만 거야.

엄마: 얼굴이 까맣구나. 그런데?

자녀: 학교를 가다가 보게 된 일인데.

엄마: 아, 그랬구나.

자녀: 학교에 일찍 갔었어.

엄마: 학교에 일찍 가다가 가는 길에 보게 된 일이구나. 그래서?

확장이 되면 확장되는 대로 길을 열어주며 도전을 하도록 격려한다.

"이런 거 나오는 광고도 있어, 아빠."라고 한다면 자녀와 함께 광고를 찾아보며 이야기를 나누면 좋다. 만약 자녀의 언어 수준이 높다면 광고를 보고 분석해보는 것도 좋다. 실제로 광고가 의도한 결과를 얻느냐 그렇지 못하느냐에 대한 연구들도 최근 활발하게 이루어지고 있기 때문이다.

"난 우리나라에 다른 나라 사람들이 사는게 싫어."라고 이야기한다면 "그런 말 하면 안 돼." 라든지 "그건 나쁜 생각이야."라고 말하지 말고 "왜 그런 생각을 하게 되었어?"라고 하여 자녀의 이야기를 들어보고 자연스럽게 어떻게 유도할지를 고민하는 것이 좋다. 다양화된 사회는 하나의 의견으로 모든 사람을 보는 것이 아니라 서로의 의견을 수용하면서 인간의 존중이나 가치에 대해 알려주는 것이기 때문이다.

## 활동 관찰기록표: Break

### 〈MI〉

| | 그렇지<br>않다 | 거의<br>그렇지<br>않다 | 보통<br>이다 | 그런<br>편이다 | 매우<br>그렇다 |
|---|:---:|:---:|:---:|:---:|:---:|
| 다양한 어휘를 선택해서 말하기도 하고 중간에 쉼표를 활용하면서 단문, 중문, 장문을 융통적으로 사용하며 말한다(언어). | 1 | 2 | 3 | 4 | 5 |
| 자기가 선택한 인종에 대해 감정몰입을 하거나 공감을 해서, 이야기를 듣는 사람이 설득을 당하는 기분이 든다(대인관계). | 1 | 2 | 3 | 4 | 5 |
| 순서 없이 이야기하는 것이 아니라 어면 순서로 이야기하면 좋을지를 미리 생각한 듯 듣기 편하게, 이해하게 편하게 논리적으로 이야기한다(논리수학적). | 1 | 2 | 3 | 4 | 5 |

## 질문 있어요 선생님!

**Q.** 어느 정도가 1점을 받게 되는지, 어느 정도가 5점을 받게 되는 것인지를 잘 모르겠어요.

**A.** 네, 그러실 수 있습니다. 자녀가 말하는 것을 녹음해보셔도 좋습니다. 그래서 주변인 중 자녀를 잘 모르는 사람에게 들려주시고 점수를 내어보도록 하셔도 좋습니다. 만약 그도 어렵다면 녹음된 것을 우리에게 보내주셔도 됩니다. 이메일 주소는 Liz@brainery.kr입니다.


**Q.** 우리 아이는 장난기가 많아서 흑인 가면을 쓰고는 춤만 추고 장난스럽게 해서 이 활동을 진행하기가 어려워요.

**A.** 어려운 질문입니다. 제일 어려운 경우이기도 합니다. 만약 자녀가 만 8세를 넘었다면 자녀의 웃음이나 장난기를 잘 해석해보는 것이 필요합니다. **만약 자녀가 어색한 순간이나 어찌할 바를 모르는 시기에 회피전략(avoidant strategy)으로 장난이나 웃음을 보이는 듯하다면 장난이나 웃음을 바로 지적하시거나 혼내시면 안 됩니다.** 회피전략은 혼내는 대상이 아니라 지도해야 하는 대상이기 때문입니다. 만약 이 활동에만 그렇다면 심각하다고 볼 수 없지만, 모든 활동에 그렇다면 상담이 필요합니다.

## Activity Build(세우기)

생활하면서 경험하는 다양한 문제상황들에서 무엇이 위험요인이고 무엇이 보호요인인지를 판단하고, 그 판단에 근거하여 문제를 효율적·효과적으로 해결하는 습관을 길러보도록 하는 활동이다. 일차적으로는 **공간지능**을 높이고 문제해결을 위한 **논리수학적 지능**을 높이며 **신체지능**을 신장시킬 수 있는 활동이다. 또한 문제해결을 위해 집중하고 위험요인을 찾아내는 과정에서 **개인내 지능**을 신장시킬 수 있다.

### 다중지능 유형별 상호작용 *Tip*

- 자녀가 공간지능이 높다면: 놀이를 진행하면서 다양함으로 유도한다.
- 자녀가 논리수학적 지능이 높다면: 문제를 해결하면서 수학적 개념들을 활용하도록 한다.
- 자녀가 신체지능이 높다면: 탑을 쌓으면서 정교함과 숙련됨을 같이 보일 수 있다.
- 자녀가 개인내 지능이 높다면: 기획, 선택하고 의사결정하는 과정에서 남다름을 보일 수 있다.

## 부수적 목적

① **의사결정능력**

제한된 환경에서 어떤 재료를 선택할 것인가, 어떤 구조로 타워를 설계할 것인가, 어떤 순서로 제작할 것인가 등 다양한 의사결정을 하도록 한다.

② **상황분석능력**(environment analytics)

시간과 재료의 제약이 주어진 경우 이러한 상황에 대한 해석과 분석을 통해 다양한 의사결정을 위한 판단기준을 세우는 경험을 할 수 있다.

③ **디자인 사고**(design thinking)

다양한 활동에 있어 사전에 자신이 하고자 하는 일에 대한 계획을 수립하고, 이를 실제 활동을 해 나가면서 조정해 나가는 동적최적화 경험을 하게 된다.

## 재료

A4 용지 20장, 선풍기, 고무줄

## 지도방법

① 부모는 자녀에게 재료를 제공한다.

② 제공받은 재료를 이용하여 75㎝ 정도의 탑을 쌓는 과제를 한다.

③ 위험요인을 알려준다.

- 75㎝를 쌓아야 한다.

- 선풍기 2단계 수준의 바람을 견뎌야 한다.

- 만약 밀리면 밀린 만큼 75라는 숫자에서 감한다.

④ 활동시간을 알려준다(45분). 가능하면 자녀 혼자서 활동하도록 한다. 부모는 옆에서 격려자 역할을 하고 안전과 관련된 관리만 하도록 한다.

⑤ 시간이 되면 종료되었음을 알려주고 선풍기 실험을 한다.


## 상호작용 *Tip*

자녀와의 활동 과정 중에 어떤 수준의 개입을 하느냐는 자녀의 성장과 발달에 무척 중요한 요인이다. 개입이 과도하게 되면 자녀의 자율성을 해치고 부모가 계속 문제해결을 도와주어야 할 수도 있고, 개입이 과소하게 되면 서로 관심을 잃고 무기력한 모습을 가지게 되거나 부담을 가지게 된다. 상황을 판단하고 그에 적절한 개입을 하면 자녀는 자율성과 주도성을 잃지 않고 부모와의 관계 또한 적절해진다.

높이 쌓는 것을 돕기 위해서는 바로 활동에 들어가기보다는 기획회의 형식의 상호작용을 해준다.

"높이 쌓는 동시에 바람에 밀리지 않으려면 무엇이 필요하지?"

이 질문의 포인트는 "~지?"다. "필요하니?"라고 묻는 순간 정답을 요구하는 질문이 되기 때문이다. "무엇이 필요하지?"라는 상호작용에는 부모 역시 잘 모를 수 있음을 가정하게 된다. 그러면 공동연구자로서의 상호작용이 가능해진다.

만약 높이 쌓은 종이탑이 선풍기 바람에 밀려서 자녀가 실망했다면 어떻게 하는 것이 좋을까? '실패는 성공의 어머니'라는 단순한 명제를 말하지 않더라도 실패는 그저 '나쁜 것'이 아니다. 오히려 실패는 문제점을 가장 빨리 찾을 수 있는 요인이고, 그로 인해 가장 빨리 성공으로 옮겨 탈 수 있는 기회를 제공한다. 자녀가 실패하였을 때의 부모의 상호작용은 매우 중요하다.

"에이씨, 밀렸어."라고 자녀가 말한다면 "그러게. 왜 그랬지?"라고 해 문제에 집중하게 한다. "에이씨, 밀렸어."라고 자녀가 말할 때 만약 "그래. 너무 어려운 문제다. 그만하자."라고 한다면 이후에도 자녀는 문제해결력에서 '회피'라는 전략을 가장 많이 사용하게 된다.

## 활동 관찰기록표: Build

### 〈MI〉

| | 그렇지 않다 | 거의 그렇지 않다 | 보통 이다 | 그런 편이다 | 매우 그렇다 |
|---|---|---|---|---|---|
| 단순한 쌓기가 아니라 균형을 고려하면서도 다양한 모양으로 만들어보려고 한다(공간). | 1 | 2 | 3 | 4 | 5 |
| 무게중심, 균형, 각도, 세기 등 수학적 개념들을 충분히 이해하고 있는 듯하다(논리수학). | 1 | 2 | 3 | 4 | 5 |
| 몸동작이 조심스럽고 감각적으로 각도를 알고 민첩하게 행동한다(신체). | 1 | 2 | 3 | 4 | 5 |
| 부모와 의논하기보다는 혼자서 생각하는 시간을 가지고 지속성과 집중성을 가지고 활동하였다(개인내). | 1 | 2 | 3 | 4 | 5 |

## 질문 있어요 선생님!

**Q. 그냥 종이로 높이 쌓기 하는 거 아닌가요? 이 안에서 공간지능이나 논리수학적 지능을 측정한다는 것이 가능한가요?**

**A.** 네. 가능합니다. 이 활동을 잘 보시면 위험요인이 있지요. 바로 선풍기 바람 2단계에서 견디는 것입니다. 세상에서 아이들이 만나는 모든 문제에는 위험요인들이 있습니다. 어떤 위험요인이 가장 강력한 것인지, 혹은 어떤 위험요인은 무시해도 되는 것인지를 결정하는 것은 무척 중요한 능력입니다. 그리고 그 위험요인을 고려한 채 작업하려면 그것을 해결해주는 요인을 염두에 두고 활동해야 하는 것이므로 해당 지능이 나타나게 되는 것입니다.

**Q. 우리 아이는 "선풍기 바람 2단계에 밀리면 안 된다"는 위험요인을 아예 인식하지 못하고 있는 듯합니다. 제가 그 위험요인을 계속 이야기해도 그저 종이를 돌돌 말아 쌓기만 해요. 어떻게 지도해야 하나요?**

**A.** 만약 자녀의 탐구과정을 지원하고 싶으시다면 우선 탑을 쌓기 전에 선풍기 바람 2단계를 경험하게 합니다. 손바닥으로 받아보고, 손을 동그랗게 오므려서 구멍이 있게 받아도 보면 탑을 쌓을 때 구멍 부분 혹은 무게중심 부분에 집중해야 함을 체험으로 알게 됩니다.

## Activity Collect(모으기)

최근에는 '자연지능'과 관련된 이슈들이 '핫'하다. 이미 선진국에서는 자연지능을 가지고 있는 아이들의 미래 가능성을 이야기하고 있고, 특히 환경과 관련된 이슈들이 새로운 최고의 직업으로 예견되면서 더욱 중요시되고 있다. 이 활동은 **자연지능**과 관련된 활동이다. 야외든 실내든 주변에 대한 민첩한 관찰력을 필요로 하는 활동이다. 이차적으로는 도형과 관련된 **공간지능**, 그리고 **개인내 지능**을 높이는 활동이다.

### 다중지능 유형별 상호작용 *Tip*

- 자녀가 자연지능이 높다면: 문제를 제시한 후 자녀의 자유로운 탐색을 최대한 보장해준다.
- 자녀가 공간지능이 높다면: 관찰력을 최대한 발휘할 수 있도록 최대한 많은 자극이 있는 공간으로 이동해서 시행하도록 한다.
- 자녀가 개인내 지능이 높다면: 자녀가 발견한 면들을 언어로 표현하기 어려워하면 스스로 자유롭게 보고서 형식으로 만들도록 격려하되 나중에 부모나 다른 가족들에게 그 결과물을 보여주도록 한다.

**부수적 목적**

① 의사결정능력

어떤 근거로 자신이 취합한 사물들을 정리할 것인지에 대한 사전 의사결정과정이 필요하다. 만약 이 과정이 없다면 단지 모으는 것에 집중하게 되고 자신을 프레젠테이션할 때 결여감을 가질 수 있다.

② 관찰능력(observation competency)

주변을 세심하게 관찰하고 다른 사람보다 민감하게 그 특징을 잡아내는 능력을 얻게 되며, 이러한 경험을 반복하면 쉽사리 관찰능력이 신장된다.

③ 전략 추구(seeking strategy)

자기가 발견한 것들의 형태를 어떻게 보존할 것인지, 어떻게 최대한 그 특성이 나타나도록 포장하고 기술할 것인지에 대한 전략을 추구하게 된다.

**재료**

장화(물가에서 할 경우를 대비해), 비닐봉지

## 지도방법

① 부모는 야외활동이 가능하고 과하게 덥거나 춥지 않은 날을 선택하여 본 활동을 할 수 있다.

② 자녀로 하여금 스스로 주변을 둘러보도록 하며 무엇이 보이는지 이야기를 나눈다. 이때 부모는 지원자로서의 역할만을 수행하도록 한다.

"무엇이 보이니? 그래, 그렇구나. 엄마는 보지도 못했는데…. 또 다른 것이 보이니?"

"네 눈에 보이는 것이 형태가 있니? 어떤 도형이라고 말할 수 있니?"

③ 각자의 시간을 가지며 그 시간 동안 특별한 준거에 따라 사물을 모을 것을 권한다.

"도형의 모양을 하나 정해서 모아보아도 좋단다."

"계절을 나타내는 느낌에 따라 모아보아도 좋단다. 혹 다른 준거를 가지고 해볼까?"

"그래, 색에 따라서도 해볼 수 있겠다."

"그래, 무엇인가를 만들 수 있도록 해보아도 좋겠다."

④ 충분한 관찰과 수집시간 그리고 충분한 정리시간을 부여한다.

## 상호작용 *Tip*

활동 자체의 난이도는 그리 높지 않다. 그러나 주변에 대한 탐구능력, 호기심, 그리고 그 호기심에 근거한 탐색과 체계적 정리는 몰입해서 스스로 활동할 수 있는 것이다. 부모는 단순히 모으는 것에 그치지 않도록 중간중간에 "무엇에 의한 것이니?" 혹은 "준거를 변경하고 싶니?" 등으로 개입하는 것이 좋다.

그러나 이 활동에서 부모가 절대로 하지 않아야 하는 상호작용이 있다. 상호작용은 기본적으로 격려와 지지를 포함하지만 잘못하는 경우 탐색을 막고 호기심도 막기 때문이다.

"그렇지. 그렇게 다각형을 모아보니 좋네. 역시 ○○이는 이해가 빠르고 행동도 빠르구나."

이러한 섣부르거나 부적절한 칭찬은 피한다. 칭찬은 긍정적 강화로 많이 알려져 있다. 그러나 칭찬은 기본적으로 '평가'를 포함한다. 또한 '명명화(labeling)'도 포함한다. 항상 칭찬을 듣는 자녀라면 상황이나 행동의 결과와 상관없이 지나친 자긍심을 가져 판단을 흐리게 할 수 있고, 만약 칭찬을 잘 듣지 못했던 자녀라면 부모의 과도한 칭찬에 대해 신뢰 자체를 못하게 된다. 그러하므로 특히 청소년기에는 적절한 칭찬이 필요하다.

**활동 관찰기록표: Collect**

**〈MI〉**

|  | 그렇지<br>않다 | 거의<br>그렇지<br>않다 | 보통<br>이다 | 그런<br>편이다 | 매우<br>그렇다 |
|---|---|---|---|---|---|
| 자발적으로 이곳저곳을 다니면서 찾으며<br>즐거워한다(자연). | 1 | 2 | 3 | 4 | 5 |
| 활동하면서 도형에 대해 이야기하거나<br>자신이 정한 특별한 기준에 대해<br>이야기한다. 세심한 관찰력을 보인다(공간). | 1 | 2 | 3 | 4 | 5 |
| 그저 뛰어다니면서 활동하기보다는<br>천천히 걸음을 옮기며 신중하게<br>탐색한다(개인내). | 1 | 2 | 3 | 4 | 5 |

## 질문 있어요 선생님!

**Q. 우리 아이는 다각형의 돌을 찾는가 싶더니 다시 원형을 찾고 그러더니 다시 나뭇가지를 찾고 그러더라구요. 그러면 제가 "동그라미에 가까운 걸로 찾자."고 말하고 싶은데 그러면 안 되는 건가요?**

**A.** 네, 가능하면 그러지 않으시는 것이 좋습니다. 혹 중간에 너무 산만하다 싶으시면 "어떤 것들을 모으는 거야?"라고 물으실 수 있습니다. 그러나 만약 개인내 지능이 높은 자녀가 아무 대답을 하지 않으면 그대로 그 과정을 인정해주시기 바랍니다.

**Q. 저희 자랄 때는 곤충채집이다 뭐다 형태가 있었잖아요. 아이가 모은 것들을 어떻게 해야 하나요?**

**A.** 좋은 질문입니다. 특히 자연에 나가서 자녀와 활동하실 때는 자녀에게 사진기를 쥐어주셔도 좋고 아니면 부모님께서 아이가 모은 것들을 일일이 사진 찍어주셔도 좋습니다. 자녀에게 사진을 직접 찍어보도록 권하시면 그 또한 자연지능과 공간지능을 높여주는 활동이 됩니다. 사진 렌즈를 통해 보다 보면 좀 더 세세한 관찰력을 키워줄 수도 있고 어느 각도에서 찍어야지만 자신이 강조하고 싶은 부분을 강조할 수 있는지도 알게 되기 때문에 좋습니다.

## Activity Cut(자르기)

퍼즐 맞추기는 어려서부터 도형에 대한 이해를 돕기 위해 하는 익숙한 활동이다. 그러나 의도를 가지고 전체적인 시뮬레이션을 한 상태에서 도형을 자르고 그 도형을 이용해 놀이상대에게 난이도 높게 제시하는 것은 무척 고난이도의 활동이다. **공간지능**이 우선 기초되어야 하며 **대인관계 지능**도 필요하다. 그러나 도형과 관련된 **논리수학적 지능**을 높여주는 활동이기도 하다.

### 다중지능 유형별 상호작용 *Tip*

- 자녀가 공간지능이 높다면: 다양하게 시도해보는 시간을 충분히 준다. 안내하거나 지도해주기보다는 경험을 늘릴 수 있는 재료 마련에 도움을 주기 바란다.
- 자녀가 대인관계 지능이 높다면: 다른 사람의 마음을 읽고 반응을 예측하는 활동으로 고난이도의 대인간 전략을 짜볼 수 있다.
- 자녀가 논리수학적 지능이 높다면: 도형과 관련된 다각도의 지식을 총동원하여 난이도 높은 퍼즐을 만들어 볼 수 있다.

**부수적 목적**

① 의사결정능력

무엇을 어떤 목적으로, 어떤 의도로, 그리고 어떤 도형으로 만들 것인지를 고민하고 결정하는 과정을 거쳐야 한다.

② 상황분석능력

시간과 재료의 제약이 주어진 경우 이러한 상황에 대한 해석과 분석을 통해 다양한 의사결정을 위한 판단기준을 세우는 경험을 할 수 있다.

③ 예측능력(prediction)

자신의 행동이 앞으로 어떤 결과를 가져올지에 대한 시뮬레이션, 예측능력이 어떻게 업무에 도움이 되는지를 실제로 경험할 수 있는 기회가 된다.

**재료**

5교 조각 퍼즐(다음 페이지에 제시된 모양으로 만들어보기), 21×28cm의 사각형 우드락 2개, 칼, 자, 연필

**지도방법**

① 부모는 자녀와 함께 우선 완성된 5교 조각을 맞추어본다. 첫 과제는 다섯 조각을 흩어놓은 상태에서 다시 직사각형을 만드는 것이다.

② 다 맞추고 난 후 부모와 자녀는 서로 한 조각씩의 사각형 우드

락을 집어들고 상대편을 어렵게 할 5교 조각을 만든다.

③ 만드는 과정은 생각하고 그리고 오리는 과정을 거친다.

④ 완성되면 상대편에게 주고 직사각형을 만들도록 한다.

⑤ 가장 난이도 있게 하는 방법은 우드락이 몇 개는 뒤집혀지도록 할 수 있다는 것에 착안한다.

## 상호작용 *Tip*

다른 어떤 활동보다도 '안전'과 관련된 염려사항이 많은 활동이다. 그러나 단순히 안전한 활동만을 해서는 경험을 증폭시켜줄 수 없고 사고(思考)를 완전히 개방화할 수 없기에 본 활  동을 권하는 바다. 특히 우드락은 가벼운 칼질로는 잘 잘라지지 않으므로 자녀가 줄로 표시하면 부모가 잘라주기를 권한다.

퍼즐을 맞추는 활동이 아니라 퍼즐을 만드는 활동이다. 특히 다른 사람의 수준과 반응을 예측하여 상대편이 맞추기 어렵도록 하는 것이 필요하므로 공간지능과 대인관계 지능 그리고 논리수학적 지능을 증명해주고 신장시켜주는 활동이다. 자르기 전에 혹은 표시하기 전에 상대편이 어떻게 하면 어렵게 느낄까 이야기해주는 것이 좋다.

"어떤 모양의 퍼즐조각이 있으면 어려워할까?"

"우리가 아까 한 퍼즐의 모양을 생각해보면 그 가운데 있던 오목한 면이 어려웠었지? 우리도 그런 조각을 하나 정도 넣어줄까?"

그러나 모든 활동에서 자녀에게 어느 정도를 넘어서 좌절감을 줄 정도의 실패감을 주는 것은 적절하지 않으므로 활동 난이도의 수준을 부모가 조절하여야 한다. 본 활동은 얼마든지 반복해서 시행할 수 있는 활동이므로 처음에는 난이도가 낮게 그리고 점차 난이도를 올리면서 활동할 수 있다.

참고로 검색사이트에서 'hikimi puzzle'을 검색하면 다양한 정보들을 접할 수 있다.

## 활동 관찰기록표: Cut

### 〈MI〉

| | 그렇지 않다 | 거의 그렇지 않다 | 보통 이다 | 그런 편이다 | 매우 그렇다 |
|---|---|---|---|---|---|
| 5교 조각을 비교적 용이하게 맞추고, 특정형태의 퍼즐조각들을 난이도 있게 만든다(공간). | 1 | 2 | 3 | 4 | 5 |
| 다른 사람이 맞추어야 할 5교 조각을 만들 때 상대편의 수준을 고려하여 만든다. 예를 들어 어른에게 주기 위해서 난이도를 높이는 노력을 하는 것 등이다(대인관계). | 1 | 2 | 3 | 4 | 5 |
| 변의 길이, 동등한 배분, 각도의 활용 등 수학적 도형 개념을 충분히 활용한다(논리수학적). | 1 | 2 | 3 | 4 | 5 |

## 질문 있어요 선생님!

**Q. 너무 어려운 활동은 아이한테 좌절감을 주지 않나요?**

**A.** 중요한 질문입니다. 반대로 너무 쉬운 활동은 아이한테 지루함을 줄 수 있지요. 아이에게 적절한 난이도의 활동을 주는 것은 무척 어려운 일 중 하나입니다. 자녀가 감당할 수 있는 난이도를 알고 그 난이도보다 약간의 어려움이 있는 활동을 주는 것이 가장 중요한 일입니다. 그런데 그 자녀가 감당할 수 있는 난이도를 아는 것이 어렵지요. 그것을 알려면 여러 활동을 하면서 자녀를 관찰해야 합니다.

평소에 관찰한 바에 근거하여 볼 때 이 활동이 자녀에게 너무 어렵다면 5교 조각 중 3개를 부모가 맞추고 나머지 2개를 맞추어 보게 한다든가 2개를 맞추고 3개를 맞추게 하는 등 조절해줄 수 있습니다. 또한 퍼즐 만들기도 이와 유사하게 할 수 있습니다. 다만 자녀의 수준을 지나치게 높게 보거나 지나치게 낮게 보는 것은 좋지 않습니다. 가능하면 많이 관찰하시고 그것에 근거하여 활동을 해주시기 바랍니다.

## Activity Hiding Mind(마음 숨기기)

Hiding Mind, 즉 마음 숨기기 활동은 난이도가 그리 높지 않은 활동이면서도 동시에 수학적 계산을 많이 하게 하고 Activity Cut처럼 상대방의 마음을 읽고 반응을 예측하는 것이 포함된 활동이다. **개인내 지능**이 우선 기초되어야 하며 **대인관계지능**도 필요하다. 그러나 도형과 관련된 **논리수학적 지능**을 높여주는 활동이기도 하다.

### 다중지능 유형별 상호작용 *Tip*

• 자녀가 개인내 지능이 높다면: 집중을 많이 요구하는 활동이다. 특히 게임이 길어진다면 집중력의 힘이 승패를 나눌 수도 있다. 대인관계지능이나 논리수학적 지능이 높다고 해도 집중을 잃으면 활동에서 그것이 나타나게 되기 때문이다.

• 자녀가 대인관계 지능이 높다면: 다른 사람의 마음을 읽고 반응을 예측하는 활동으로 고난이도의 대인간 전략을 짜볼 수 있다.

• 자녀가 논리수학적 지능이 높다면: 매회 내놓을 수를 결정하면서도 전체의 합을 놓치지 않도록 권한다.

### 부수적 목적

① 의사결정능력

무엇을 언제 어떻게 선택할 것인지를 고민하고 결정하는 과정을 거쳐야 한다.

② 상황분석능력

상대방이 하고 있는 계산까지 파악해야 하고 시간의 제약이 주
어진 상태에서 민첩하게 분석하고 이를 자신의 결정으로 연결
하여야 한다. 이러한 상황에 대한 해석과 분석을 통해 다양한
의사결정을 위한 판단기준을 세우는 경험을 할 수 있다.

③ 예측능력

자신의 행동이 앞으로 어떤 결과를 가져올지에 대한 시뮬레이
션, 예측능력이 어떻게 업무에 도움이 되는지를 실제로 경험할
수 있는 기회가 된다.

## 재료

7개의 종이조각, 연필

## 지도방법

① 부모와 자녀는 서로 경쟁상대 역할을 한다. 한 번에 하나씩의
종이카드를 드는 게임으로, 몇 개의 규칙이 있다.

- 같은 숫자를 쓰면 안 된다.

- 0을 쓰면 안 된다.

- 7개 카드의 총합이 100을 넘으면 안 된다.

② 매번 숫자를 다르게 적어보되 한 장의 종이에 숫자를 하나 쓰

면 "하나 둘 셋"을 외친 후 서로 들어 보여준다. 이때 보다 큰 숫자를 쓴 사람이 이기는 게임이다.

③ 합이 100을 넘으면 안 되므로 무조건 큰 수를 쓰는 것은 좋지 않다. 상대편이 무엇을 쓸지 예상하고 그에 대한 대비를 해야 한다.

## 상호작용 *Tip*

여러 가지 의사결정을 해야 하는 활동이다. 각자가 어떤 숫자를 써야 하는 지를 결정함에 있어 상대편에 대한 분석이 있어야 하기 때문이다. 대기업에서도 신입직원 워크숍 때 많이 하는 활동이기도 하다. 왜냐하면 다른 사람에 대한 관찰력과 판단, 그리고 민첩한 계산력을 요구하는 활동이기 때문이다.

자녀가 보기에는 이기고 지는 것이 상당히 '운(luck)'에 의한 것으로 보일 수 있으므로 부담이 적은 활동이기도 하다. 1회에 그치지 말고 시간 날 때마다 반복적으로 하는 것도 좋다.

기대와 달리 자녀가 아무 생각 없이 숫자를 적고 드는 것 같으면 잠시 멈추고 전체의 합이 100을 넘으면 안 됨을 상기시켜주거나, 종이의 반쪽에는 상대편인 엄마나 아빠의 수를 적도록 도와주면 좋다.

## 활동 관찰기록표: Hiding Mind

### 〈MI〉

|  | 그렇지 않다 | 거의 그렇지 않다 | 보통 이다 | 그런 편이다 | 매우 그렇다 |
|---|---|---|---|---|---|
| 집중력을 놓지 않고 지속적으로 고민해보고 계산해본다(개인내). | 1 | 2 | 3 | 4 | 5 |
| 나의 것을 생각하면서 다른 사람이 지금 어떤 계산을 하고 있고 어떤 카드를 내걸 것인지에 대해 고려한다(대인관계). | 1 | 2 | 3 | 4 | 5 |
| 전체의 합과 부분을 동시에 고려할 수 있고 타인이 가지고 있는 카드의 전체의 합과 부분을 고려한다(논리수학적). | 1 | 2 | 3 | 4 | 5 |

## 질문 있어요 선생님!

**Q.** 우리 아이는 이 활동을 좋아하기는 하는데요. 특별히 고민하는 거 같지 않고 그냥 아무 숫자나 적으면서 이기면 좋아하고 그러는 것 같아요. 따로 지도를 해야 하나요? 아니면 그냥 놔둬야 하나요?

**A.** 네. 본 MI 활동은 특별한 지도보다는 아이 스스로 해 나가는 바를 지원하고 그 활동에서의 반응을 관찰하는 것입니다. 따라서 '따로 지도를 해야 한다'고는 생각하지 않으셔도 됩니다. 다만 자녀가 들고 있는 종이를 반으로 나누어주고 "자, 이쪽에는 아빠가 부르는 숫자를 적어봐."라고 해주시는 정도면 좋습니다.

**Q.** 이 활동은 개인내 지능도 높이고 대인관계 지능도 높이는 활동이네요. 둘 다가 가능합니까?

**A.** 네. 가능합니다. 특히 2030년을 이야기하는 미래학자들은 점점 대인관계와 개인내 지능을 모두 가지고 있는 개인들이 보다 성공적인 삶을 살 것이라고 예측하고 있습니다. 한 활동에서 다른 사람의 반응과 태도를 예측하고 동시에 본인의 내면에 집중하는 능력이 동시에 있다면 앞으로의 미래 사회에 유능한 구성원으로 성장하게 될 것입니다. 혹시 아직 예전처럼 "다른 사람을 배려해야지."라는 교육을 많이 하고 계시거나 반대로 "네가 중요해. 너를 먼저 생각해."라고 하고 계시다면 양면을 모두 고려해보도록 하십시오.

## Activity Let Fall(떨어뜨리기)

중력의 속도를 높일 수 있고 줄일 수 있을까에 대한 다양한 실험을 하고, 그 과정을 영상화하여 느리게 혹은 빠르게 재생하면서 흥미로운 경험들을 해보는 것이다. 과학적 활동을 좋아하는 자녀도, 그렇지 않은 자녀도 흥미롭게 할 수 있도록 구성하였다. 일차적으로 **공간지능**을 높이고 **신체지능, 자연지능**, 그리고 **논리수학적 지능**을 높일 수 있는 활동이다.

## 다중지능 유형별 상호작용 *Tip*

- 자녀가 공간지능이 높다면: 다양하게 시도해볼 시간을 충분히 준다. 안내하거나 지도해주기보다는 경험을 늘릴 수 있는 재료 마련에 도움을 주기 바란다.
- 자녀가 신체지능이 높다면: 오히려 공간지능이 높은 자녀보다 더 많은 시도를 과감하게 해볼 수 있도록 기회를 주는 것이 좋다.
- 자녀가 자연지능이 높다면: 활동의 난이도를 조절해줄 수 있다. 확장해서 난이도를 높이실 수 있다.
- 자녀가 논리수학적 지능이 높다면: 다양한 수학적 개념들을 도입하고 자신이 한 행위의 결과를 예측해보게 한다.

**부수적 목적**

① **시스템적 사고**(systematic thinking)

시스템적 사고란 개별적인 재료의 특성을 고려함과 동시에 이것이 전체의 부분으로 사용될 경우의 활용도를 모두 고려하여 통합적 사고를 하는 것을 의미하며, 이 놀이를 통해 다양한 시스템적 사고의 경험을 할 수 있다.

② **과학적 사고**(scientific thinking)

'중력'이라는 자연현상에 대해 활동과 놀이를 통해 경험하면서 이해하게 되며 '속도'라는 과학적 개념을 다양한 도전을 통해 터득하도록 한다.

③ **디자인 사고**

다양한 활동에 있어 사전에 자신이 하고자 하는 일에 대한 계획을 수립하고, 이를 실제 활동을 해 나가면서 조정해 나가는 동적 최적화 경험을 하게 된다.

④ **예측능력**

자신의 행동이 앞으로 어떤 결과를 가져올지에 대한 시뮬레이션, 예측능력이 어떻게 업무에 도움이 되는지를 실제로 경험할 수 있는 기회가 된다.

## 재료

공, 동전 등 다양한 떨어뜨릴 재료들, 종이, 헝겊, 비닐, 리본끈, 하드보드지, 우드락, 동영상을 빠르게 혹은 느리게 재생할 수 있는 노트북과 빔 프로젝터

## 지도방법

① 부모는 여러 가지 재료를 설명하며 자녀에게 보여주며 떨어뜨리는 모습을 보여준다.

② 부모는 이 활동의 위험요인을 설명해준다.

- "정상적인 빠르기에서 더 느리게 혹은 더 빠르게 하려면 어떻게 할까?"

- "움직임의 모양을 영상에 담으려면 어떤 방법이 있을 때 더 효과적일까?"(예: 떨어지는 공이나 물건에 물이 든 풍선이 터지면서 생기는 모양을 촬영하는 등)

③ 여러 가지 실험을 해보도록 풍부한 시간을 주고 결과물을 동영상 촬영하여 함께 보며 감상한다.

## 상호작용 *Tip*

안전이 보장된다면 높은 곳에 가서 떨어뜨리기 활동을 하면 좋다. 다만 이 경우 안전에 대한 관리를 해줘야 한다.

떨어뜨리는 것만이 목적이 아니라 중력, 즉 떨어지는 현상에 대해

보다 효과적으로 보여주기 위한 활동으로 자녀가 물건을 떨어뜨리고 (보다 느리게 떨어지도록 하거나 보다 빨리 떨어지도록 하거나) 중간에 물 풍선 혹은 얇은 우드락판 등을 들고 있어 튕겨지는 모습을 같이 찍어보아도 좋다.

익숙한 방법을 먼저 실현해보게 한 후 좀 더 다르게 생각해보도록 권하는 것이 중요하다.

## 활동 관찰기록표: Let Fall

### 〈MI〉

| | 그렇지 않다 | 거의 그렇지 않다 | 보통 이다 | 그런 편이다 | 매우 그렇다 |
|---|---|---|---|---|---|
| 빠르게 혹은 느리게 떨어뜨리기 위해서 모양을 변형시키고 다양한 방향에서 떨어뜨려보는 등의 시도를 한다(공간). | 1 | 2 | 3 | 4 | 5 |
| 계산을 한다기보다는 감각적으로 각도와 속도 등을 아는 듯하다(신체). | 1 | 2 | 3 | 4 | 5 |
| 모양을 만들면서 결과를 예측해보는 듯하고 길이를 재거나 각도를 재는 등 수리적 활동들을 한다(논리수학적). | 1 | 2 | 3 | 4 | 5 |

## 질문 있어요 선생님!

**Q. 우리 아이가 이 활동을 하면 그래도 적어도 '중력'이나 '반중력'에 대해 설명해줘야 하는 거 아닐까요?**

**A.** 아니요. 개념을 먼저 익힌 후에 활동으로 경험하기보다는 경험으로 먼저 만나고 거기에서 나오는 궁금증으로 개념을 학습하는 것이 더 적절한 순서입니다. 충분히 경험하다 보면 "왜 느리게 내려가지?", "왜 위아래로 붙이는 것들은 소용이 없지?" 등을 물을 때 설명해주셔도 늦지 않습니다.

**Q. 실내에서 활동하면 안 되나요?**

**A.** 아니요, 특별히 그런 것은 아닙니다. 그러나 자녀가 시도하는 방법에 의해 차별화된 결과가 나와야 하는데 떨어뜨리는 지점이 그다지 높지 않으면 내려오는 데까지의 시간을 재는 것이 0.001초 정도 차이가 날 수 있기 때문에 자녀의 발달 수준상 그 결과를 확인하기가 쉽지 않습니다. 다소 힘드시더라도 야외에 나가서 미끄럼틀 위나 아니면 아파트 2층 이상에 사는 친구네 집 베란다 등에서 떨어뜨리면서 실험하는 것이 보다 시각적 결과를 알 수 있습니다.

## Activity Make(만들기)

보다 많은 재료를 사용하여 보다 크게, 보다 넓게, 보다 길게, 보다 정교하게 표현해보는 경험을 함으로써 청소년기에 경험하는 부정적 정서의 발현을 돕도록 한다. 어린 시절 했던 찰흙놀이 혹은 학교에서 하는 표현활동보다 대규모, 다량의 재료를 가지고 표현해보는 경험을 가지도록 한다. 전체적인 구상 없이는 활동하기 어려운 점이 있어서 기획력을 키워주게 되는 활동이다. 일차적으로 **논리수학적 지능, 공간지능** 그리고 **개인내 지능**을 높여주는 활동이다.

### 다중지능 유형별 상호작용 *Tip*

- 자녀가 논리수학적 지능이 높다면: 몸을 움직여 행동하기 전에 기획해보는 경험을 가져보도록 하여 시행과 평가, 계획의 순환과 정을 경험하게 돕는다.
- 자녀가 공간지능이 높다면: 전체적인 시뮬레이션을 해보고 그에 따라 시행해보는 경험을 하도록 돕는다.
- 자녀가 개인내 지능이 높다면: 혼자서 집중하여 전체적인 시뮬레이션을 그려보고 그에 따라 집중하여 활동할 수 있도록 충분한 공간과 시간을 부여한다.

**부수적 목적**

① 시스템적 사고

시스템적 사고란 개별적인 재료의 특성을 고려함과 동시에 이것이 전체의 부분으로 사용될 경우의 활용도를 모두 고려하여 통합적 사고를 하는 것을 의미하며, 이 놀이를 통해 다양한 시스템적 사고의 경험을 할 수 있다.

② 도전능력

누구나 도전을 하기 쉬운 것은 아니다. 과도 혹은 과소하게 위축됨 없이 적절한 정서를 경험하면서 도전하는 경험을 하도록 한다.

③ 디자인 사고

다양한 활동에 있어 사전에 자신이 하고자 하는 일에 대한 계획을 수립하고, 이를 실제 활동을 해나가면서 조정해나가는 동적 최적화(dynamic optimization) 경험을 하게 된다. 특히 복잡성과 단순성, 패턴화, 체계화 등의 개념에 대한 이해가 이루어진다.

④ 예측능력

자신의 행동이 앞으로 어떤 결과를 가져올지에 대한 시뮬레이션, 예측능력이 어떻게 업무에 도움이 되는지를 실제로 경험할 수 있는 기회가 된다.

## 재료

도자기용 점토 혹은 지점토 가능한 한 많이, 다양한 모양을 찍을 수 있는 재료(그릇, 동전, 단추 등), 조각칼 세트, 바닥에 깔 비닐

## 지도방법

① 부모는 여러 가지 재료를 설명하며 자녀에게 보여준다.
- "도자기흙의 경우 처음에는 딱딱하지만 자꾸 문질러주면 부드러워진단다."
- "옷이 더러워져도 되니까 발로도 손으로도 몸으로도 모양을 만들어보자. 넓게 펼치고 그 안에 들어가도 된단다."
② 어떤 모양을 만들 것인지 부모와 자녀가 함께 의논하고 도움이 필요하다면 부모의 도움을 요청하도록 하여 표현해보도록 한다.
③ 규모가 큰 만들기를 해본 경험이 없어 다소 위축된다면 중국 시안의 진시황릉과 같은 자료를 인터넷에서 검색해서 보여주어도 좋다.

## 상호작용 *Tip*

주로 책상에 앉아 공부하던 학생들을 대상으로 이 활동을 한다면 '도전'해보는 경험을 격려하는 데 신경 쓰도록 한다. "그래, 올라가 봐도 돼." "그래 더 넓게 펼쳐보자. 발로 해볼까?" 등으로 새로운 시도를 격려한다. 사실 이 활동은 자녀 외에 부모에게도 새로운 도전을 주는

활동이다. "굳이 이런 활동을 할 필요가 있을까?" "맨날 하는 찰흙놀이인데 큰 의미가 있을까?" 할 수 있기 때문이다. 그러나 크게 놀아본 아이들은 기획할 때에도 보다 제한이 없이 기획할 수 있음을 기억해 주기 바란다.

또한 흙이나 물 등의 재료는 아동 청소년기에 있는 학생들이 부정적 정서를 발산할 수 있는 가장 좋은 방법으로 검증되었다. 충분한 시간을 두고 놀이하도록 해주기 바란다.


## 활동 관찰기록표: Make

### 〈MI〉

| | 그렇지 않다 | 거의 그렇지 않다 | 보통 이다 | 그런 편이다 | 매우 그렇다 |
|---|---|---|---|---|---|
| 손으로 길이를 재본다든가, 여러 방향에서 바라본다든가 하면서 전체를 머리에 시뮬레이션 해보는 듯하고 전체적인 틀을 머릿속에 그려본 후에 작업한다(논리수학적). | 1 | 2 | 3 | 4 | 5 |
| 다양하고 창의적인 표현을 하고 다양한 도구들을 여러 방법으로 활용한다. 전체적인 시뮬레이션에 맞추어 표현한다(공간). | 1 | 2 | 3 | 4 | 5 |
| 다른 사람에게 도움을 청하거나 엄마에게 "나 어때?" "이거 괜찮아?"라고 묻지 않고 스스로 집중하여 몰입하여 활동한다(개인내). | 1 | 2 | 3 | 4 | 5 |

## 질문 있어요 선생님!

**Q. '보다 크게"보다 많이'가 중요한 이유가 무엇인가요?**

**A.** 어머니의 손을 한 번 움직여보세요. 손을 작게 이리저리 움직일 때와 팔 전체를 움직이거나 몸 전체를 움직여야 할 때 쓰는 에너지의 양이 다를 것 같다는 판단이 드시나요? 아이들에게 보다 큰, 보다 많은 경험을 주는 것은 에너지뿐 아니라 뇌의 활성화와도 연결이 됩니다. 책상에 앉아서 소규모로 하는 활동이 있다면 그와 병행하여 큰 공간에서 몸을 크게 움직이며 하는 활동이 있어야 하는 것입니다.

**Q. 처음에 신중하게 자기가 계획을 했나 봐요. 그런데 만드는 과정 중에 자기 생각대로 되지 않은 거죠. 공간이 너무 많이 남는다는 거예요. 그러면서 짜증을 얼마나 내는지….**

**A.** 우선 자기가 계획한 대로 되지 않아서 짜증을 냈다고 한다면 개인내 지능이 높은 친구입니다. 그 친구에게는 "왜? 괜찮아. 잘했는데, 뭐."라는 말은 별로 위로가 되지 않습니다. 이미 스스로 실망하고 있기 때문이지요. 그러나 중요한 것은 자기가 왜 실패했는지를 알고 다시 시도하는 것입니다. "그래, 하지 마."라고 하시면 다음에 또 어려운 일이 발생할 때 자녀는 회피를 하게 됩니다.

## Activity Make Fly(날리기)

성장하는 동안 자연스럽게 경험하게 되는 부정적 정서의 발산과 개방적 사고의 발현 등을 목표로 하는 활동으로서 풍성하고 긴 천으로 표현을 하고 바람의 성질을 이용해보는 경험을 준다. **자연지능**이 있는 자녀가 좋아하는 활동이지만 **신체지능, 음악지능**이 높은 자녀도 좋아하는 활동이다.

## 다중지능 유형별 상호작용 *Tip*

- 자녀가 자연지능이 높다면: 자녀의 다양하고도 개방적인 언어표현을 수용하고 격려한다.
- 자녀가 신체지능이 높다면: 재미있고 창의적인 몸 표현을 많이 해보도록 격려한다.
- 자녀가 음악지능이 높다면: 음이 없어도 자신의 몸이 움직이는 것을, 혹은 깃발이 움직이는 것을 다양하게 표현하기를 즐기도록 해주고 가능하다면 에스파냐 풍의 음악을 틀어주어도 좋다.

## 부수적 목적

① 도전능력(challenge)

누구나 도전을 하기 쉬운 것은 아니다. 과도 혹은 과소하게 위축됨 없이 적절한 정서를 경험하면서 도전하는 경험을 하도록 한다.

② 관찰능력

주변을 세심하게 관찰하고 다른 사람보다 민감하게 그 특징을 잡아내는 능력을 얻게 되며, 이러한 경험을 반복하면 쉽사리 관찰능력이 신장된다. 활동 후에도 그 경험을 기억했다가 재생하는 능력과 연결된다.

③ 표상능력(representation competency)

경험한 것을 글이나 그림, 몸으로 표상하는 능력을 가지기 위해서는 그에 대한 반복적 경험이 필요하다. 바람의 모양을 표상해봄으로써 물체의 움직임에 대한 관찰능력과 표상능력의 연결 경험을 한다.

④ 예측능력

자신의 행동이 앞으로 어떤 결과를 가져올지에 대한 시뮬레이션, 예측능력이 어떻게 업무에 도움이 되는지를 실제로 경험할 수 있는 기회가 된다.

**재료**

대나무나 파이프로 된 막대기(길이 1.5m 정도), 긴 천(최소 5m, 스카프나 보자기를 연결해서 해도 됨), 바늘과 실, 가위

## 지도방법

① 부모는 천을 약간(1m 정도) 들고 자녀가 바람에 흔들어보는 경험을 하도록 한다.

② 부모는 자녀에게 얼마든지 천을 사용해도 됨을 알려주고 보다 크게, 보다 길게, 보다 오래 등의 도전요인을 주고 충분히 경험 활동하도록 한다. 가능하면 옥상이나 언덕 위 등의 환경이 좋다.

③ 충분히 경험 활동을 한 후 다시 실내로 돌아와 그림으로, 혹은 글로, 혹은 몸짓으로 헝겊의 움직임을 표현해보도록 하는 것도 좋다. 그러나 언어지능이 높지 않은 자녀의 경우 오히려 움직임의 경험을 다른 형태, 즉 사진이나 동영상으로 표현해보도록 하는 것이 좋다.

## 상호작용 *Tip*

활동은 간단하지만 그 속에 내포된 정서적 효과들이 많은 활동이다. 자녀가 자신이 가지고 있는 재능을 충분히 발현하기 위해서는 전체적인 개방성의 수준도 중요하다. 활동을 크게 할수록 사고의 폭도 넓어진다. 축소된 활동으로 제한하면 그만큼 사고의 틀도 작아지고 익숙한 활동만을 하게 되는 결과를 가져온다.

이 활동을 하면서 만약 자녀에게 다소 도움이 필요하다고 판단이 든다면(예: 학습된 무기력으로 인해 하려는 의도 자체가 적어보이거나 하면) '부정적 정서 날리기'로 연결해도 좋다. 좋지 않은 기억이나 감정 등을 천에 담으라고 권한다. 글로 적지 않아도 되며 잠시 시간을 주어 자신이 준비한 천에 담으라고 권한다.

- "올해 안 좋은 기억이 있었다면 담아보도록 하자."
- "잠시 시간을 줄 테니 꼭꼭 눌러 적어보도록 하렴. 마음으로 적으면 된단다."
- "좀 더 많이 넣고 싶다면 천을 좀 더 길게 하렴. 모두 다 넣어보자."
- "아예 날려버리고 싶다면 그렇게 하렴. 날아가는 모습을 보자."

만약 자녀가 이 활동을 하면서 흥겨운 움직임을 보인다면 자녀가 평소 좋아하는 음악을 틀도록 권하거나 다소 이국적인 에스파냐 풍의 음악 등을 틀어주어도 좋다. 감성적인 활동을 함으로써 자신의 신체지능과 음악지능을 최대화할 수 있다.

## 활동 관찰기록표: Make Fly

### 〈MI〉

| | 그렇지 않다 | 거의 그렇지 않다 | 보통 이다 | 그런 편이다 | 매우 그렇다 |
|---|---|---|---|---|---|
| 바람을 몸으로 느끼기를 좋아하고 야외활동 자체를 좋아한다. 또한 긴 천에 오는 바람의 저항을 어떻게 표현해야 잘 표현되는지를 감각적으로 아는 듯하다(자연지능). | 1 | 2 | 3 | 4 | 5 |
| 몸과 깃발이 하나 되는 듯 다양하고 창의적인 몸동작을 하거나 깃발을 이용해 춤을 추어보기도 한다(신체). | 1 | 2 | 3 | 4 | 5 |
| 음이 있든 없든 자신 스스로 리듬을 타면서 움직임을 가져보거나 음악을 틀어주었을 때 리듬감을 타며 움직인다(음악). | 1 | 2 | 3 | 4 | 5 |

## 질문 있어요 선생님!

**Q.** 다른 아이들은 깃발을 가지고 이리저리 움직여보거나 한다는데 우리 아이는 그저 깃발을 들고 서 있기만 해요. 재미없어하는 걸까요?

**A.** 하나의 현상이라 하더라도 아이들에 따라, 자신이 가진 재능의 조합에 따라 반응이 다릅니다. 어머니의 자녀 같은 경우 신체지능이나 음악지능보다는 깃발에 부는 바람의 영향을 관찰한다면 자연지능이 보다 높은 것이고, 만약 깃발이 풍속에 의해 영향받는 것에 대해 이야기하거나 하면 수학적 지능이 보다 높은 것일 수 있습니다. 오히려 자녀의 행동을 잘 관찰해보시는 것이 좋습니다.


**Q.** 이 활동을 하고 나니까 아이가 신기하게도 자기가 마치 기상캐스터가 된 것처럼 "오늘은 바람이 몸의 왼쪽에서 불어서 오른쪽 위로 올라갑니다."이러더라구요.

**A.** 아이를 둘러싼 환경에 대해서 우리가 '자극'이라고 여기지 않는다면 아이들은 외부환경의 자극을 가치 있는 자극으로 만들지 못합니다. 그래서 아이가 경험하는 혹은 받아들이는 모든 자극들을 느끼고 분석해보고 감상하고 표현해보는 것은 매우 중요합니다. 앞으로의 시대를 살아갈 인재는 감수성이 많은 인재이므로 아이들이 자기에게 오는 자극들을 의미 있게 경험해보도록 해주시면 좋습니다.

## Activity Make Stand(버티기)

위험요인을 두 개 포함하고 있는 균형 문제다. 균형을 깨뜨리지 않기 위해서 다른 사람의 도움을 요청하거나 다른 물체의 도움을 받아야 하는 어려움이 있고 그 균형을 깨뜨리지 않는 상태에서 기울여야 하는 어려움이 있다. **논리수학적 지능**을 높이고 **신체지능, 대인관계 지능**을 신장시킬 수 있는 활동이다.

### 다중지능 유형별 상호작용 *Tip*

- 자녀가 논리수학적 지능이 높다면: 활동하기 전에 미리 기획회의의 형식으로 균형 등을 계산해보도록 권한다.
- 자녀가 신체지능이 높다면: 자유롭게 몸을 움직여 활동해보도록 권하고 좀 더 넓은 공간에서 활동할 수 있도록 한다.
- 자녀가 대인관계지능이 높다면: 엄마, 아빠 혹은 다른 형제자매가 따르는 사람(팔로워)이 되어 자녀의 지시에 따라 움직여본다.

### 부수적 목적

① 상황분석능력

시간과 재료의 제약이 주어진 경우 이러한 상황에 대한 해석과 분석을 통해 다양한 의사결정을 위한 판단기준을 세우는 경험을 할 수 있다.

② **의사소통능력**(communication skills)

혼자서 계획을 짤 수는 있어도 혼자서는 할 수 없는 활동이며 의도적으로 리더십을 발휘해야 하는 활동으로 만들었다. 이에 자신이 생각한 바를 적절하게 다른 사람에게 설득력 있게 이야 기하고 다른 사람이 자신의 의견을 받아 행동할 수 있도록 하는 의사소통능력이 요구된다.

## 재료

생수통(2리터 생수통이 가장 적절함. 그러나 만약 구하기 어려운 경우 주 스병 같은 두꺼운 페트병을 사용함), 강력테이프, 비닐노끈 및 다양한 끈, 물, 빈 바가지

## 지도방법

① 부모는 자녀에게 재료를 제공한다.

② 활동방법을 소개한다.

- 생수통에 균형을 맞추어 생수통이 기울지 않도록 한 사람당 1~2개의 노끈 붙이기
- 노끈을 팽팽하게 유지하여 생수통의 균형이 잡히는지 실험
- 균형을 잡은 상태에서 물을 생수통에 넣기
- 마지막 과제는 생수통의 균형을 의도적으로 기울여 부모가 제공한 그릇에 물을 채움. 이때 자녀는 부모 혹은 형제에게

역할을 지시할 수 있음. "오른쪽으로 더 잡아당겨."

## 상호작용 *Tip*

활동적이기도 하면서 동시에 주의집중을 요하고 신중한 판단과 몸놀림을 요구하는 본 활동은 평소 성향이 소극적이거나 위축감이 있는 자녀에게는 어려운 활동일 수 있다. 이 경우 부모는 함께 하는 부분을 좀 더 늘리거나, 생수통이 아닌 주스병 등 활동의 난이도를 자체적으로 조절하여 활동하는 것이 좋다.

자녀가 논리수학적 지능은 높되 신체지능이나 대인관계지능이 높지 않다면 자녀가 '지시하는 리더'의 역할을 하도록 해도 좋다. 즉 자녀가 "이렇게 해봐."라고 이야기하면 다른 가족들이 그 지시에 따라 움직이는 것이다. '아무리 그래도 내가 어떻게 자녀의 지시에 따라서 움직여?'라고 생각하지 말고 부모가 아니라 세상 누군가라고 가정해 보면 어떨까? 내 자녀가 누군가를 리드하는 모습을 상상하면서 즐겁게 해주면 좋을 듯하다.

"이쪽은 어떻게 할까? 어디에 끈을 묶을까?"

"이만큼 올릴까?"

"이제 기울여? 누구 먼저 기울일까?"

자녀가 신체지능과 대인관계지능이 높되 논리수학적 지능이 높지 않다면 가능한 활동의 범위를 늘리고 자녀가 여러 번의 시행착오를 겪도록 해주면 좋다. '아니, 논리수학적 지능이 높은 자녀에게는 지시를 하도록 하라면서 왜 부모가 논리수학적 지능이 높은데 지시를 하면 안 되는 거지?'라고 생각할 수 있다. 본 활동은 자녀의 MI, 즉 다중지능을 신장시키는 것이기 때문이다. 잘 하는 면, 즉 강점을 키워주는 것이다.

## 활동 관찰기록표: Make Stand

### 〈MI〉

| | 그렇지 않다 | 거의 그렇지 않다 | 보통 이다 | 그런 편이다 | 매우 그렇다 |
|---|---|---|---|---|---|
| 물이 든 통에 줄을 묶거나 붙일 때 균형이나 각도에 대해 계산하려고 하고 줄을 붙이는 순서나 잡아당기는 순서 등에 신경을 쓴다(논리수학적). | 1 | 2 | 3 | 4 | 5 |
| 계산을 하는 것 같지는 않은데 감각적으로 각도나 균형을 아는 것 같다. 민첩하게 즉각적으로 행동한다(신체). | 1 | 2 | 3 | 4 | 5 |
| 다른 사람에게 역할을 정확히 주고 그 역할을 잘 수행할 수 있는 사람에게 어려운 부분을 맡기는 등의 리더십을 발휘한다(대인관계). | 1 | 2 | 3 | 4 | 5 |

## 질문 있어요 선생님!

**Q. 우리 아이는 리더십 교실을 다니고 있어요. 리더십은 그렇게 특별 교육을 받아야 하는 거 아닌가요? 이 정도의 활동으로 리더십이 많아질까요?**

**A.** 네, 좋은 질문입니다. 무엇이든 아이들은 한 번의 교육, 혹은 몇 번이 되더라도 제한된 훈련으로 성향 혹은 역량이 자라지는 않습니다. 단지 방향을 잡을 수는 있지요. 보다 좋은 것은 가정 안에서 자신과 친밀한 관계에 있는 사람들과의 경험 속에서 성향이나 역량이 자라고 굳어지는 것이 더 좋다는 것이지요. 리더십은 "이렇게 해."라고 이야기하는 자체가 아니라 리더십을 발휘하기 위해 타인을 읽고 반응을 예측하면서 역동적으로 활용하는 능력이 요구되는데, 본 활동에서 다른 사람에게 역할을 부여하고 그 역할을 잘 수행하도록 하는 경험들이 가족 내에서 반복되면서 좋은 효과를 얻을 수 있습니다.

**Q. 전 우리 아이가 좀 허둥대는 거 같아요. 진득하게 생각하고 하면 좋은데 바로 "엄마, 여기", "아빠, 여기" 그러더라구요.**

**A.** 네. 신체지능이 높은 아이들은 계산을 하기보다는 감각적으로 오는 것들을 활용하지요. "천천히 진득하게 하라"는 요구가 이 자녀에게는 아마 먹히지 않을 것입니다.

팝아트의 세계를 경험해봄과 동시에 색이나 음영, 돌출색 등을 경험해보는 활동이다. 그림을 그리기는 부담스러운 아이들이 있을 수 있지만 종이 찢어 붙이기나 레고로 꾸미기, 혹은 칠하기 등의 활동으로 접하면 보다 부담감 없이 즐길 수 있다. **공간지능**을 높이는 활동이면서 동시에 **개인내 지능, 신체지능** 그리고 **언어지능**을 높이는 활동이다.

### 팝아트(Pop Art)란?

1960년대 초 뉴욕을 중심으로 출현한 미술의 한 경향이다. 통속적인 이미지를 미술로 수용한 사조로 광고, 상표, 만화, 영화, 사진 등의 대중적 이미지를 한 번 더 보기 위한 재현을 하는 것으로, 대중적인 것을 수용하는 현대 인간의 감수성을 의식화한 것이다. 순수예술의 영역에서 소외되었던 생활의 이미지를 포괄하고 있고 도시 안에 갇혀서 자연으로부터 소외된 인간 이미지를 표현하고자 한다. 앤디 워홀, 키스 해링 등이 대표작가다.

## 다중지능 유형별 상호작용 *Tip*

- 자녀가 공간지능이 높다면: 팝아트 그림을 제시한 후 자유롭게 표현해보도록 시간과 장소를 보장해준다. 변형하고자 하는 경우 허락한다.
- 자녀가 개인내 지능이 높다면: 시간제한이 있는 듯이 느끼지 않

게 편안하게 집중할 수 있도록 한다.

- 자녀가 신체지능이 높다면: 세세한 표현을 위해 소근육을 많이 사용하도록 격려한다.
- 자녀가 언어지능이 높다면: 그림을 같이 보면서 그림에 대해 느낀 점 등을 언어로 표현하게 한다.

## 부수적 목적

① 심미감(aethetics)

아름다움에 대한 감상을 하고 느끼는 경험을 한다. 이는 앞으로의 생에서 풍요로운 정서생활을 하고 부정적 정서를 경감시키는 데 효과가 있다.

② 브랜딩

내가 표현하는 것을 통해 나를 나타내고 나만이 꾸밀 수 있는 것을 정하여 다른 사람들에게 그를 브랜딩화하여 나타낼 수 있는 능력을 신장시킨다.

③ 몰입(flow)

개인내 지능이 높지 않은 친구라 하더라도 할 수 있는 작은 사이즈의 판을 제공함으로써 몰입하는 경험을 스스로 가지게 하고 이를 통해 다른 활동으로도 연계되도록 한다.

## 재료

팝아트 작품(인터넷에서 'pop art'라고 검색하면 찾을 수 있음), **기본판**(도화지나 하드보드지 **10×15㎝**), 색종이, 풀, 연필, 지우개, 자석, 양면테이프(만약 가정에 레고가 있다면 레고 조각을 이용하기를 강력하게 권함)

\* 만약 꾸미기를 힘들어한다면 복사된 팝아트 작품과 색연필을 준비

## 지도방법

① 부모는 자녀와 함께 팝아트 작품을 감상한다.

    - 만약 자녀가 재미있다고 표현하거나 흥미를 보이면 인터넷에서 '팝아트' 혹은 'pop art'로 검색해서 이미지를 감상한다. 신체지능이 높은 자녀와는 몸동작으로 표현을 해보아도 좋고 언어지능이 높은 자녀에게는 그림에 대한 감상을 말로 표현해보도록 한다.

② 기본판을 제공하고 만들어보고 싶은 작품을 선택하도록 한다.

③ 선택한 작품을 만들기 위해 재료를 선택하게 한다(색종이 혹은 레고 혹은 색연필).

④ 충분한 시간을 주고 표현해보도록 한다.

## 상호작용 *Tip*

꾸미기를 먼저 시작하기보다는 충분한 심미활동을 하는 것이 중요하다. "봤지? 빨리 만들어."라며 재촉한다면 심미감 교육은 놓치게 된

다. 손으로 따라 그려본다든가 몸동작으로 표현해보게 하는 등 그림에 대한 감상을 먼저 하도록 한다. 또한 말로써 평가해보게 한다.

## 평가훈련이 필요한 이유?

논설문을 쓰거나 보고서를 쓸 때 무엇보다 기본적으로 '평가'가 들어간다. 그림을 접하거나 영화를 보거나 책을 읽거나 신문기사를 보았을 때 "아, 이런 일이 있었구나." "아 이렇게 쓰여 있구나."라고 하기보다는 "왜 이렇게 되었지?" "왜 이 감독은 여기에서 이 장면을 넣었을까?" "왜 이 사람은 그림을 그릴 때 얼굴을 반쪽으로 나누어 그렸을까?"라는 등 비판적 사고(critical thinking)를 하게 한다. 이는 자라나면서 글을 쓸 때 기본이 된다. 현재 국내외 유명 대학교에서는 한결같이 한국의 예비입학생들의 에세이나 논설문에서 '평가'가 빠져있다고 이야기한다. 어려서부터 비판적 사고를 길러주는 것은 매우 중요한 일이다.

## 활동 관찰기록표: Mix and Match

### 〈MI〉

| | 그렇지 않다 | 거의 그렇지 않다 | 보통 이다 | 그런 편이다 | 매우 그렇다 |
|---|---|---|---|---|---|
| 팝아트 그림을 흥미롭게 보고 감상하며 작품을 골라 자기가 선택한 재료로 꾸며보는 활동 자체를 즐거워하는 것 같다(공간). | 1 | 2 | 3 | 4 | 5 |
| 세세한 부분까지 신경 쓰면서 집중해서 활동한다. 실수하지 않기 위해서 애를 많이 쓰는 것 같다(개인내). | 1 | 2 | 3 | 4 | 5 |
| 손의 움직임이 정교하고 세세한 부분까지 꼼꼼하게 잘 꾸밀 수 있다. 덤벙대지 않는다(신체). | 1 | 2 | 3 | 4 | 5 |
| 다양한 언어적 표현을 하면서 그림에 대한 평가와 분석을 해보고 표현하려고 애쓴다(언어). | 1 | 2 | 3 | 4 | 5 |

## 질문 있어요 선생님!

**Q.** '비판적 사고'라는 것이 무엇인가요? 아이가 더 날카로워지고 뭔가 따지게 되는 거 아닌가요? 지금도 말을 잘 안 듣는데요.

**A.** "말을 잘 안 듣는다"고 표현하시는 부모님들이 많이 계십니다. 내 자녀는 언제 말을 듣지 않을까요? 한 번 생각해볼 필요가 있습니다. 무엇인가 하고 있을 때 엄마가 "이제 학원 갈 시간이야. 그거 그만해."라고 이야기할 때 말을 안 듣나요? 아니면 아침에 말을 잘 안 듣나요? 엄마의 부탁을 잘 안 듣나요? 관찰해보실 필요가 있습니다. 만약 무엇인가에 열중해 있을 때 말을 안 듣는 것이라면 사전에 미리 "네가 지금 놀이하고 있는데 30분 후에는 준비를 시작하자."라고 이야기하시면 좋습니다. 비판적 사고는 남을 비판한다는 뜻이 아니라 어떤 현상이든 보고 판단할 때 뚜렷한 주관의식을 가지고 합리적인 판단을 하게 되는 과정 등을 이야기합니다. 그림을 보고 "예쁘다"고 표현하기보다는 "이 작가는 왜 이런 모양을 많이 그릴까?" "노랑, 파랑, 빨강, 이런 색을 많이 쓰네. 왜지?" 등으로 질문해보는 사고과정입니다.

## Activity Open/Close(열기/닫기)

'문제해결능력'이라고 하면 특정 문제가 주어지고 그 문제에 대한 해결능력으로 생각하기 쉽다. 그러나 문제해결능력이란 일차적으로 "무엇이 문제일까?"를 찾아내는 능력이다. 따라서 항상 상황을 객관적이고 중립적으로 볼 수 있어야 하며, 또한 모든 가능성을 열고 그 해답을 찾아야 한다. 21세기의 아동에게 요구되는 역량이다. 일차적으로는 **논리수학적 지능**을 높이고, **신체지능**을 신장시키는 활동이다. 다른 사람(예: 어머니)과의 경쟁이 포함된다면 다른 사람의 정서를 읽는 **대인관계지능**도 높이는 결과를 가져올 수 있다. 확장된 활동으로 **음악지능**을 신장시킬 수도 있다.

### 다중지능 유형별 상호작용 *Tip*

- 자녀가 논리수학적 지능이 높다면: 상호작용하면서 행동으로 바로 옮기기보다는 계획을 먼저 짜도록 유도한다.
- 자녀가 신체지능이 높다면: 몸을 많이 움직이면서 창의적 사고를 반영하게 한다.
- 자녀가 대인관계지능이 높다면: 부모가 자녀보다 다소 수준이 낮다고 인식하게 하면서 자녀의 리더십을 신장시켜준다.

**부수적 목적**

① 시스템적 사고

시스템적 사고란 통합적 사고를 하는 것을 의미하며, 이 놀이를 통해 다양한 시스템적 사고의 경험을 할 수 있다. 빛의 방향에 대한 과학적 사고도 할 수 있어야 하고 그를 십분 발휘해 보여줄 수 있는 몸의 움직임도 연구해서 보여주어야 한다.

② 도전능력

누구나 도전을 하기 쉬운 것은 아니다. 과도 혹은 과소하게 위축됨 없이 적절한 정서를 경험하면서 도전하는 경험을 하도록 한다.

③ 예측능력

자신의 행동이 앞으로 어떤 결과를 가져올지에 대한 시뮬레이션, 예측능력이 어떻게 업무에 도움이 되는지를 실제로 경험할 수 있는 기회가 된다.

**재료**

랜턴(날이 좋은 날 실외에서 활동하거나 실내를 어둡게 하고 사용하도록 함), 프로젝터

**지도방법**

① 부모는 여러 가지 열고 닫는 활동을 자녀에게 보여준다.

- "눈을 열어보자." "눈을 닫아보자." "손으로는 어떻게 열고 닫

음을 표현할 수 있니?"

- "몸으로는 어떻게 열고 닫음을 표현할 수 있니?"
- 가능하면 자녀를 웅크리는 몸짓을 하도록 유도한다.

② 몸의 모양들을 사진으로 찍어 빔프로젝트와 연결하여 자녀와 같이 본다.

③ "더 작게", "더 크게"라는 표현을 "더 열어서", "더 닫아서"라는 표현을 하며 다양한 몸짓을 해보고 야외활동으로 자연스럽게 연결하여 그림자의 길어짐을 경험해보도록 한다.

## 상호작용 *Tip*

활동은 간단하지만 그 안에 내포된 정서적 효과가 많은 활동이다. 개인별로 어느 정도 활동이 되면 가족이 모여 연결하는 그림자도 만들어볼 수 있다. 혹은 그림자를 이용하여 한 명의 사람을 만들어볼 수 있고 기린 모양 등으로 변형하여 만들어볼 수도 있다. 다양한 관점과 시각을 가져보도록 하는 것이 주목적이므로 부모는 이 점에 유의하여 도전의식을 가지고 활동해보도록 한다.

확장활동으로 '몸짓' 활동을 해볼 수 있다. 해금으로 연주한 음악을 들어 같이 감상하면서 느낌대로 몸을 웅크렸다가 폈다가 반복할 수 있는데 이러한 활동은 정서적 완화를 가져오는 중요한 효과가 있다. 만약 자녀가 몸을 움직이기 부담스러워하거나 불편해한다면 '용인 문정중학교'라는 키워드로 유튜브에서 검색해서 자녀와 함께 볼 수 있다.

자녀가 이 활동에 익숙해졌거나, 대상 자녀의 연령이 높다면 'open close'를 다른 의미로 사용할 수 있는지에 대해 활동해볼 수 있다. 예를 들어 'opening'은 '구멍'이라는 의미가 있는가 하면, 'closing'은 '가깝다'는 의미도 있기 때문이다. 이를 통해 언어활동으로의 관심으로 유도할 수 있다.

## 활동 관찰기록표: Open/Close

### 〈MI〉

| | 그렇지<br>않다 | 거의<br>그렇지<br>않다 | 보통<br>이다 | 그런<br>편이다 | 매우<br>그렇다 |
|---|---|---|---|---|---|
| 어떻게 하면 더 길게 할지 더 짧게 할지를 계산을 통해 알아본다. 숫자 이야기를 자꾸 하고 "여길 1이라고 하면 여긴 30이고…" 등으로 이야기한다(논리수학). | 1 | 2 | 3 | 4 | 5 |
| 계산하기보다는 감각적으로 몸을 움직여 '더 길게' '더 짧게'를 아는 듯하다. 다양하게 몸동작을 시도해본다(신체). | 1 | 2 | 3 | 4 | 5 |
| 유난히 빛의 방향이나 구름의 흐름, 높이 등을 고려한다(자연). | 1 | 2 | 3 | 4 | 5 |
| "엄마 아빠는 여기에서 팔을 이렇게 벌리고 날 잡아."라는 등 가족에게 지시를 내리고 그로 인해 원하는 결과를 얻는다(대인관계). | 1 | 2 | 3 | 4 | 5 |

## 질문 있어요 선생님!

**Q.** "확장하라"는 말이 무슨 말인지를 잘 모르겠어요. 아이에게 맞추어 난이도를 변화시키라는 말 같은데 그게 무엇을 의미하는지 모르겠어요.

**A.** 네, 좋은 질문입니다. Open/close 활동을 예로 들어보지요. 만약 아이가 몸을 크게 움직이거나 빛의 방향에 맞추어 자신의 위치를 바꾸면서 길이변화를 자유자재로 하게 되고 재미있어 하면서 다른 아이디어를 뭔가 구하는 듯하다면 "더 길어져보고 싶다. 그렇지?"라든가 "도구를 한 번 이용해볼까?"라는 등 한 단계 더 나아가보도록 하는 것입니다. 이러한 훈련은 나중에 자녀가 커서 혼자서 활동을 할 때도 "음. 좀 더 어렵게 해볼까?"라는 내면적 자극을 추구하게 되는 결과를 가져옵니다.

**Q.** 저는 매번 제가 하는 게 맞는지 누군가에게 확인을 받고 싶습니다.

**A.** 네, 그럴 때 한 번 자녀를 믿어보면 어떨까요? "이렇게 하는 거 맞는 것 같아?" 부모에게 참 어려운 일입니다. 그러나 한번쯤 물어보세요. 자녀는 괜히 어깨를 으쓱하면서 "그건 말이지~"라고 설명하려 들 것입니다. 자존감과 자긍심이 높아지는 순간입니다.

## Activity Pour(붓기)

아동 청소년기에는 습득이나 이해보다는 도전과 창의적 사고, 비판적 사고 등이 키워져야 한다. "학교가 창의력을 죽인다."고 말했던 켄 로빈슨은 학교에서 혹은 가정에서 자녀에게 부여하는 제약에 대해 경고하고 있다. 따라서 성장기 자녀에게 과감한 도전과 시도를 해보도록 하는 것은 단지 산만하게 만드는 것이 아니라 창의적 사고와 도전의식, 그리고 비판적 사고를 키워주는 활동이 된다. 일차적으로 본 활동은 **공간지능**을 높이고, **신체지능**과 **개인내 지능**을 높여주는 활동이다.

### 다중지능 유형별 상호작용 *Tip*

- 자녀가 공간지능이 높다면: 다양하게 시도해보는 시간을 충분히 준다. 안내하거나 지도해주기보다는 경험을 늘릴 수 있는 재료 마련에 도움을 주기 바란다. 또한 시각적인 효과를 미리 생각하고 시도하는 자녀에게 긍정적 강화를 많이 준다.
- 자녀가 신체지능이 높다면: 다양한 몸동작으로 시도하게 한다. 만약 신체지능이 높지 않은 자녀라면 그저 부을 수 있겠지만 신체지능이 높다면 다양한 몸짓 시도를 통해 다른 표현을 할 수 있을 것이다.
- 자녀가 개인내 지능이 높다면: 활동의 모양이나 내용을 권하기보다는 스스로 집중하여 해볼 수 있도록 한다. 만약 자녀보다 부

모가 활동수준이 높거나 반응속도가 빠르다면 다소 반응 속도가 느린 자녀가 부담감을 가질 수 있기 때문이다. 집중할 수 있는 공간과 시간을 보장해주는 것이 중요하다.

## 부수적 목적

① 시뮬레이션 능력

본인이 할 일의 결과를 머릿속에서 연상해보는 시뮬레이션 능력을 키우도록 한다. 시뮬레이션을 통해 어떤 그림을 완성하게 될 것인지, 색의 선택은 어떻게 할 것인지 등을 결정하게 된다.

② 도전

다양한 위험요인들이 부가될 때 "어렵다"라고 하거나 "할 수 없어"라기보다는 부모와의 협업을 통해 도전해보는 것을 경험한다. 또한 결정 후에는 과감하게 시도하는 결단력도 키워진다.

③ 창의력(creativity)

어떻게 해결할 것인지, 어떤 방법, 어떤 재료로 해결할 것인지에 대해 논의하고 시행하게 된다. 이러한 과정에서 새로운 방법을 고안해내는 기쁨과 성취감을 경험한다.

④ 심미감

본 활동은 일차적으로 부담감 없이 표현 활동을 하도록 하는 것이다. 이 과정을 통해 그리기에 부담감이 있던 자녀도 보다 편안하게 심미감을 경험할 수 있다.

**재료**

큰 투명비닐, 4절지 하드보드지 1매, 수채화물감(통으로 된 것 혹은 다소 질게 섞은 물감을 플라스틱통에 옮겨 담은 것), 나무 막대, 등받이 없는 의자

**지도방법**

① 부모는 자녀에게 재료를 제공하며 활동방법을 설명한다.

② 비닐을 바닥에 넓게 깔고, 그 위에 등받이 없는 의자를 놓고 그 위에 하드보드지를 놓은 후 시뮬레이션한 대로 물감을 부어 표현한다. 물감이 밑으로 떨어지는 것을 막기 위해 비닐을 크게 펴고, 의도적인 물감 흐름을 위해 막대를 활용한다(관련 동영상: http://www.youtube.com/watch?v=5WHs74r4NVc). 활동을 위해 충분한 시간을 제공한다.

③ 하드보드지 전체에 물감 붓기로 디자인을 완성한 후 일정 시간 말려 전시하고 이를 가족이 함께 감상해보도록 한다.

**상호작용 *Tip***

창의적이고 도전적인 활동을 하도록 하면 대부분의 부모 혹은 교사는 "지저분해진다" 혹은 "나중에 치우기 어렵다"는 말을 많이 한다. 실제로 성인들은 많은 이유들로 자라나는 세대의 활동 범위를 축소시키고 활동의 내용을 제약해왔다. 지금까지의 시대에는 그런 양육전

락이나 교육전략도 크게 문제되지 않았다. 그러나 변화가 많은 시대다. 보다 더, 다른 사람보다 한 발자국 더 창의적인 인재를 찾는 시대다. 자녀가 가지고 있는 창의성을 제한하지 않는 것만으로도 자녀에게 최고의 선물이 될 수 있다.

**"엄마, 진짜 이렇게 부어도 돼?"**

→ 숨겨진 메시지: "엄마 어지럽히는 거 싫어하잖아. 괜히 나중에 나 혼나는 거 아니야? 진짜로 해도 돼?"

**"하기 싫어. 이거 뭐 하려 해. 나 그냥 수학과외 숙제할래."**

→ 숨겨진 메시지: "익숙하지 않은 활동은 하기 싫어. 이미 나는 과정이 있고 결과가 예측되는 활동에 익숙해져 있다구. 낯선 활동은 그저 두려울 뿐이야."

잘 그리고 못 그리고의 평가를 할 필요가 없고 평가를 할 수도 없는 활동임을 자녀에게 미리 알려주어 최대한 부담감을 느끼지 않고 이 활동을 즐기도록 배려한다. 만약 엄마의 눈치를 많이 본다고 느껴진다면 정말로 어지럽혀도 된다고 느낄 정도로 넓게 비닐을 깔고 잠시 자리를 비켜줘도 좋다.

혹 여러분의 마음에 "내가 없이 아이가 무엇인가를 한다고?"라고 의심이 든다면 이미 자녀의 자율성을 신뢰하지 않는 것이다. 그 상태에서 자녀는 성숙한 한 개인으로 성장하기 어렵다.

부모는 이 활동을 하면서 "잘 하는구나." "잘 그렸구나." 등의 표현을 자제하고 "그렇게 할 수도 있구나. 참 좋다." "느낌이 살아있구나." "색 혼합이 멋지다." 등의 칭찬을 해주는 것이 좋다.

## 활동 관찰기록표: Pour

### 〈MI〉

| | 그렇지 않다 | 거의 그렇지 않다 | 보통 이다 | 그런 편이다 | 매우 그렇다 |
|---|---|---|---|---|---|
| 꽤 멋진 결과물이 나오고 중간중간 방해물(예: 막대)을 만들어 모양의 변형을 가져오는 등 창의적 표현을 하였다(공간). | 1 | 2 | 3 | 4 | 5 |
| 이리저리 움직여 다니면서도 집중력을 잃지 않고 판을 돌리거나 자신이 옮겨 다니면서 표현을 해본다(신체). | 1 | 2 | 3 | 4 | 5 |
| 처음에 물감이 흘러도 된다고 이야기를 해줬더니 중간에 물감의 흐름 때문에 방해받지 않고 집중해서 활동한다(개인내). | 1 | 2 | 3 | 4 | 5 |

# 질문 있어요 선생님!

**Q. 와, 정말 이런 활동을 해도 되는 건가요? 집은 엉망 되고 전 진짜 이런 활동 싫거든요.**

**A.** 네, 맞습니다. 하지만 성인이 된 우리가 치우기 힘들고 더러워지는 게 싫다고 느끼는 순간 아이들의 경험은 제한될 수밖에 없습니다. 매일 매번이 아니니까 본 활동을 하는 동안만은 아이가 믿을 수 없다고 할 만큼 충분한 범위 내에서 활동할 수 있도록 해주세요. 공간이 열리고 범위가 열리는 만큼 내 자녀의 뇌영역도 넓어지니까요.

**Q. 그래도 이게 버릇이 되면 어쩌지요? 지금도 자기 주변 정리를 잘 못하는데요.**

**A.** 네, 그런 염려를 하실 수 있습니다. 좀 심하게 말씀드리면 이 활동을 한다고 지금 정리를 잘 못하는 습관이 더 나빠지지는 않을 것이고, 습관은 전혀 다른 속성의 문제입니다. 자기 주변을 정리하지 못하는 것은 일차적으로는 어지럽혀짐을 누군가가 계속 해결해주셨거나, 아니면 자녀 본인이 어지럽혀져 있음이 전혀 괴롭지 않다는 뜻이겠지요? 정리를 잘하지 못함은 본 활동과 별개로 '생활습관지도'가 있어야 하고 그 방법은 연령이 어느 정도 된 자녀라면 행동수정으로 하시는 것이 좋습니다. 본 활동과 바로 관련되는 것이 아니므로 이 지면에는 소개하지 않겠습니다. 추가 질문이 있으신 경우 저희 사이트의 상담코너를 이용해주세요.

스마트한 부모가 자녀의 미래를 준비한다

## Activity Throw(던지기)

각도와 경사를 맞추는 수학적 사고와 서로 힘을 합치고 서로의 힘을 조절하는 협업이 요구되는 활동이다. 탄력이 없는 천으로 하기 때문에 여러 가지 아이디어가 요구되고 약간의 좌절감을 줄 수도 있는 활동이다. 정서적으로 가족 간의 유대도 꾀하는 활동이므로 함께 활동한다. 일차적으로 **공간지능**을 요구하는 활동이며 협업을 유도해야 하기에 **대인관계지능** 그리고 적절한 언어지시를 해야 하므로 **언어지능**, 그리고 **신체지능**이 요구되는 활동이며 그것을 신장시킬 수 있는 활동이다.

### 다중지능 유형별 상호작용 *Tip*

- 자녀가 공간지능이 높다면: 각도나 균형에 대해 감각적으로 알게 한다. 다양한 시도들을 하도록 배려한다.
- 자녀가 대인관계지능이 높다면: 엄마아빠 혹은 다른 형제자매가 따르는 사람(팔로워)이 되어 자녀의 지시에 따라 움직여본다. 설득하기 위한 키포인트를 찾아 활용하게 한다.
- 자녀가 언어지능이 높다면: '설득'과 '권유'를 포함하는 언어적 상호작용을 해보도록 한다.
- 자녀가 신체지능이 높다면: 자유롭게 몸을 움직여 활동해보도록 권하고 좀 더 넓은 공간에서 활동할 수 있다.

**부수적 목적**

① 의사결정능력

단순히 조건에 대한 반응을 반복한다고 해서 문제가 해결되는 과제가 아니다. 서로가 서로를 존중하는 상황에서 의사결정을 하는 것이 요구된다.

② 상황분석능력

익숙한 상황이 아닌 문제상황에 대해 모여서 분석하고 해결방안을 생각해야 하는 상황이다. 실행을 하기 전에 조사하고 기획하는 것이 작업의 효율성과 효과성을 높인다는 것을 알게 된다.

③ 팀 빌딩과 협업(team building, collaboration)

개인별 활동이 아닌 가족의 도움을 받아야 하는 활동이므로 역할 분담 및 분업에 대한 경험을 통해 구조를 정하고 그 속에서 자신의 역할을 수행하는 경험을 할 수 있다.

④ 수학적 사고(mathematical thinking)

수학적 사고의 경험을 할 수 있다. 각도와 세기, 속도 등의 계산이 필요한 상황이므로 자연스럽게 수학적 사고를 할 수 있다.


**재료**

길이 3m의 헝겊(스카프나 보자기를 연결해도 됨), 공, 면장갑, 줄자

## 지도방법

① 부모는 자녀에게 재료를 제공한다.

② 높이를 다소 낮춘 농구골대에 공을 넣는 과제를 설명한다.

- "오늘의 과제는 간단하구나. 천과 공이 있지? 어떻게 해서든 방법에는 제한이 없단다. 이 천을 이용해서 공을 저 농구골대에 넣으면 돼."

- 변형활동: 농구골대를 찾기 어려운 경우 가족 중 1인이 공이 들어갈 만한 용기를 들고 있어도 좋다.

③ 규칙을 설명한다.

- 손으로 직접 공을 넣는 것은 안 됨

- 모든 구성원이 참여해야 함

④ 여러 번 시도하면서 즐겁고 흥겨운 경험을 한다.

## 상호작용 *Tip*

자녀의 지시에 따른다는 것은 부모에게 그다지 쉬운 일은 아니다. 자녀는 지시할 때 예의를 포함해야 한다. "엄마, 이거 해."라는 지시적 언어를 사용하는 것이 아니다. "엄마는 여기에서 이것을 하면 되고요. 아빠는 이쪽에서 잡아주세요."라고 지시하는 것을 말한다. 다만 자녀의 리더십을 키우고 언어지능, 대인관계지능을 함께 신장시키려 한다면 자녀의 지시대로 따르도록 한다. 마음속으로 '이렇게 하면 안 되는데.'라고 생각되더라도 겉으로 말하지 말고 자녀의 지시대로 따른다.

## 활동 관찰기록표: Throw

### 〈MI〉

| | 그렇지 않다 | 거의 그렇지 않다 | 보통 이다 | 그런 편이다 | 매우 그렇다 |
|---|---|---|---|---|---|
| 넣어야 할 골대를 바라보고 각도를 맞추어 시도한다. 여러 번 시도하지 않고도 성공하였다(공간). | 1 | 2 | 3 | 4 | 5 |
| 가족구성원들에게 역할을 명확히 전달하고 그로 인해 자신이 원하는 결과를 얻어낸다(대인관계). | 1 | 2 | 3 | 4 | 5 |
| 성인을 설득하기 위해 적절한 어휘를 사용하고 자신이 생각하는 규칙을 명확히 전달할 수 있다(언어). | 1 | 2 | 3 | 4 | 5 |
| 특별히 고민하거나 계산하지 않고 감각적으로 각도나 방향 등을 아는 듯하다(신체). | 1 | 2 | 3 | 4 | 5 |

# 질문 있어요 선생님!

**Q. 자녀가 실패를 하고 그 실패가 거듭되면 자신감을 잃지 않나요?**

**A.** 실패가 좌절감으로 연결되어 자신감을 잃게 되는 경우는 실패를 실패로 끝낸 경우입니다. 실패했지만 다시 다른 전략으로 시도해보고 그로 인해 최후에는 성공을 경험하게 되면 오히려 최고의 성취감을 얻게 되고 이로 인해 자신감을 얻게 됩니다. 실패를 두려워하는 것은 자녀가 아니라 오히려 부모일 수 있습니다.

**Q. 저는 되는데 아빠가 아이 말대로 하는 게 안 될 것 같아요.**

**A.** 모든 부모의 마음속에 하나의 진심이 무엇이냐고 묻는다면 '내 자녀가 잘 되는 것'입니다. 어떤 사람은 온화한 태도로 그 마음을 자녀에게 전달할 수 있고, 어떤 사람은 회사생활을 열심히 해서 내 자녀가 가지고 싶은 것을 해주고 싶은 마음을 전달할 수 있습니다. 따라서 그 마음을 존중할 수 있다면 이 활동이 왜 필요한지를 설명해주시고 공유해주시면 될 듯합니다.

## Activity Tumble(흐르도록 하기)

　목적을 생각하고 그 목적을 방해할 수 있는 위험요인들을 고려하고 그 위험요인들을 막으면서 문제해결을 할 수 있는 능력은 어려서부터 성향과 습성으로 길러져야 하는 부분이다. '문제해결'이라고 할 때 왠지 독특하고 고급스런 문제를 주어야 할 것처럼 생각될 수 있지만 사실은 생활에서 만나는 작은 문제들을 하나하나 책임껏 해결해가면서 얻게 되는 능력이다. 차세대 사회인들에게 가장 많이 요구되지만 사실 가장 많이 부족할 수 있는 부분이 문제해결력이기에 이 활동에서 그를 신장시키도록 한다. 일차적으로 **공간지능**을 높일 수 있고 문제해결과정에서 **논리수학적 지능**을 높일 수 있으며 감각적인 신체반응을 많이 하도록 하여 **신체지능**을 높일 수 있고 위험요인을 찾는 과정에서 **개인내 지능**을 신장시킨다.

## 다중지능 유형별 상호작용 *Tip*

- 자녀가 공간지능이 높다면: 놀이를 진행하면서 다양함으로 유도한다.
- 자녀가 논리수학적 지능이 높다면: 문제를 해결하면서 수학적 개념들을 활용하도록 한다. 그리고 재료의 성질에 대한 이해를 기본으로 하므로 그것에 대해 탐구하도록 한다.
- 자녀가 신체지능이 높다면: 감각적인 신체반응들을 격려해주고

민첩함도 격려해주기 바란다.

- 자녀가 개인내 지능이 높다면: 기획하고 선택하고 의사결정하는 과정에서 남다름을 보일 수 있다.

## 부수적 목적

① 의사소통 능력

문제상황에 대한 분석, 효율적인 업무수행을 위한 아이디어 전달 등에서 의사소통 능력을 얻게 된다.

② 의사결정능력

제한된 환경에서 어떤 재료를 선택할 것인가, 어떤 구조로 연결할 것인가, 어떤 순서로 제작할 것인가 등 다양한 의사결정을 스스로 하게 된다.

③ 창의력

어떻게 해결할 것인지, 어떤 방법, 어떤 재료로 해결할 것인지에 대해 논의하고 시행하게 된다. 이러한 과정에서 새로운 방법을 고안해내는 기쁨과 성취감 경험한다.

## 재료

구부러지는 빨대, 물, 나무젓가락, 고무줄

## 지도방법

① 부모는 자녀에게 재료를 제공하며 설명한다.

② 자녀는 제공된 모든 재료들을 사용하여 길을 만든다.

- "여기 제공한 빨대를 이용해서 길을 만들어보자."

- "굴절된 부분이 있으므로 디자인에 신경 써야 하겠지? 그리고 경사도 신경 써야 한단다."

- "과제는 모든 빨대를 사용하는 것, 그리고 다 만든 후 물을 넣었을 때 성공적으로 결과지점에 도착하는 것이란다."

③ 점수와 규칙에 대해 설명한다.

- "점수는 100점 만점에 비단순화가 20점, 완성이 20점, 창의성이 20점 그리고 목표지점 도달이 20점, 빨리 도착이 20점이란다."

- "비단순화란 그냥 쭉쭉 내려오는 것을 피하자는 것이란다."

④ 활동시간을 알려주고(30분) 시간이 되면 알려주고 활동해보도록 한다.


## 상호작용 *Tip*

본 활동의 가장 큰 목적은 '다르게 생각하기'다. 부모는 '안전'과 관련한 개입만 할 뿐 나머지는 참여 자녀에게 많이 맡기도록 한다. 시간을 제한하는 이유는 시간 자체를 위험요인으로 넣기 위해서다. 시간을 부여하면 자녀는 자칫 기획의 단계를 거치지 않고 활동에 들어갈 수 있다. 만약 자녀가 기획의 단계를 거치지 않는다면 "잠시만, 어떻게 연결할 계획이야? 아~ 그렇구나. 그럼 빨대의 구부러진 부분은 어떻게 할까?"라고 말해준다.

만약에 자녀가 활동하기 전에 빨대를 이리저리 보면서 궁리를 하는 듯하면(개인내 지능이 높은 자녀임을 확인할 수 있다) 5분 정도 기다리고 관찰한 후 "생각해보았어? 어떻게 하려고?"라고 물어본다.

## 개인내 지능이 높은 자녀를 대하는 부모의 약속

개인내 지능이 높은 자녀는 사실 양육하거나 지도하기가 쉽지는 않다. 부모가 무슨 질문을 하면 "글쎄요."라고 답하거나 아예 답을 하지 않는 경우도 있으면서 뜬금없이 저녁 식탁에서 "그렇게 할게요."라고 하는 경우도 있다. 부모는 이전에 한 대화를 잊어버리고 "무엇을?"이라고 할 수도 있다. 그만큼 개인내 지능이 높은 자녀는 본인에게 집중하고 생각을 오래 한다. 생각을 오래 하거나 결정을 쉽게 못한다고 판단해서 개입하면 자녀의 재능이 무너질 수 있음을 염두에 두기 바란다.

# 활동 관찰기록표: Tumble

## 〈MI〉

| | 그렇지 않다 | 거의 그렇지 않다 | 보통 이다 | 그런 편이다 | 매우 그렇다 |
|---|---|---|---|---|---|
| 재미있는 모양으로 빨대를 연결하면서도 '흐름'이 원활하게 이루어질 수 있도록 고려하면서 활동한다(공간). | 1 | 2 | 3 | 4 | 5 |
| 각도와 경사 등의 수학적 개념들을 정확히 이해하고 있다(논리수학적). | 1 | 2 | 3 | 4 | 5 |
| '흐름'에 대해 감각적으로 이해하고 있는 듯하며 여러 번 시도하지 않고도 원활한 흐름을 할 수 있게 한다(자연). | 1 | 2 | 3 | 4 | 5 |
| 다른 사람의 협조를 끌어내는 데 무리가 없고 주저함도 없다(대인관계). | 1 | 2 | 3 | 4 | 5 |

## 질문 있어요 선생님!

**Q. 위험요인이란 것이 무엇인가요?**

**A.** 위험요인이란 진행과정에 '무리'를 주거나 '방해'를 주는 요인입니다. 그런 요인들에 대해 두 가지를 생각해야 합니다. 하나는 '무엇이 위험요인인가?'입니다. 위험요인처럼 보여도 위험요인이 아닌 경우도 있기 때문입니다. 문제에 집중하면서 '무엇이 위험요인인가?'를 찾아내는 것은 자녀가 성장하면서 만나게 되는 모든 일에 동일하게 적용됩니다. 다음은 '위험요인을 어떻게 통제할까?'입니다. 위험요인으로 밝혀진 것을 그대로 두면 하고자 하는 일에 방해가 되기 때문입니다.

**Q. 이것저것 좀 생각하고 계산하면서 하면 좋겠는데 그냥 막 뛰어들어서 하네요. 저랑은 성격이 많이 달라요.**

**A.** 그렇지요? 자녀를 키울 때 제일 혼란스러운 부분이지요. 사람은 누구나 자기 성격과 비슷할 때 제일 이해하기 쉬운 것이지요. 성격이 다르면 "왜 저렇게 하지?" "저러면 안 되는데?"하는 생각이 먼저 듭니다. 하지만 오히려 "나보다 뛰어난 면일 수 있어." "나랑 다르지만 재미있는 생각이네."라고 볼 수도 있을 것입니다.

# 활동에서의 다중지능 결과 점수 내기

## 점수 내기의 예

| | 음악 | 신체 | 논리수학 | 공간 | 언어 | 대인 | 개인 | 자연 |
|---|---|---|---|---|---|---|---|---|
| **Blow** | V | | | V | | | | V |
| **Branding** | | | | | V | | V | |
| **Break** | | | V | | V | V | | |
| **Build** | | V | V | V | | | V | |
| **Collect** | | | | V | | | V | V |
| **Cut** | | | V | V | | V | | |
| **Hiding** | | | V | | | V | V | |
| **Let fall** | | V | V | V | | | | |
| **Make** | | V | | V | V | | V | |
| **Make fly** | V | V | | | | | | V |
| **Make stand** | | V | V | | | V | | |
| **Mix and Match** | | V | | V | V | | V | |
| **Open** | | V | V | | | V | | V |
| **Pour** | | V | | V | | | V | |
| **Throw** | | V | | V | V | V | | |
| **Tumble** | | | V | V | | V | | V |
| **합계** | /2 | /9 | /8 | /10 | /5 | /7 | /7 | /5 |
| **최종점수** | | | | | | | | |

\* 활동마다 배정된 점수를 적는다. 모든 활동을 다 마친 후 그 활동에 해당되는 다중지능영역의 점수를 적는다. 그 후 총합계를 내서 적고 그것을 문항 수로 나누어 적는다.

아동명:

일 시:

| | 음악 | 신체 | 논리<br>수학 | 공간 | 언어 | 대인 | 개인 | 자연 |
|---|---|---|---|---|---|---|---|---|
| Blow | | | | | | | | |
| Branding | | | | | | | | |
| Break | | | | | | | | |
| Build | | | | | | | | |
| Collect | | | | | | | | |
| Cut | | | | | | | | |
| Hiding | | | | | | | | |
| Let fall | | | | | | | | |
| Make | | | | | | | | |
| Make fly | | | | | | | | |
| Make stand | | | | | | | | |
| Mix and Match | | | | | | | | |
| Open | | | | | | | | |
| Pour | | | | | | | | |
| Throw | | | | | | | | |
| Tumble | | | | | | | | |
| 합계 | / | / | / | / | / | / | / | / |
| 최종점수 | | | | | | | | |

# 다중지능 검사결과 그래프

```
5 ┄┄┄┄┄┄┄┄┄┄┄┄┄┄┄┄┄┄┄┄┄┄┄┄┄┄┄┄┄┄┄┄┄┄┄┄┄┄┄┄┄┄┄┄┄┄
4 ┄┄┄┄┄┄┄┄┄┄┄┄┄┄┄┄┄┄┄┄┄┄┄┄┄┄┄┄┄┄┄┄┄┄┄┄┄┄┄┄┄┄┄┄┄┄
3 ┄┄┄┄┄┄┄┄┄┄┄┄┄┄┄┄┄┄┄┄┄┄┄┄┄┄┄┄┄┄┄┄┄┄┄┄┄┄┄┄┄┄┄┄┄┄
2 ┄┄┄┄┄┄┄┄┄┄┄┄┄┄┄┄┄┄┄┄┄┄┄┄┄┄┄┄┄┄┄┄┄┄┄┄┄┄┄┄┄┄┄┄┄┄
1 ┄┄┄┄┄┄┄┄┄┄┄┄┄┄┄┄┄┄┄┄┄┄┄┄┄┄┄┄┄┄┄┄┄┄┄┄┄┄┄┄┄┄┄┄┄┄
   음악   신체   논리수학   공간   언어   대인   개인   자연
```

이제 마지막이다. 이 점수표를 '활동 전' 하였던 다중지능 검사지의 그래프와 비교해보라. 만약 여전히 특정 지능이 높게 나타났다면 이제 검사한 아동의 다중지능을 확실히 알 수 있다. 그래프의 모양도 비슷하게 나왔다면 지능의 조합도 알 수 있다.

이제부터가 중요하다. 이제부터는 특히 난이도가 있는 학습을 하려고 할 때나 기분을 좋게 해주고 싶을 때 해당 지능에 연결되는 활동을 하면 된다. 더욱 긍정적 관계를 맺으면서 동시에 아동의 정서가 안정되고 결과적으로 학업이나 수행에서의 결과도 좋아진다.

# 창의활동 보고서

이름:

학교명:

학년:

| 제 목 | |
|---|---|
| 활동일시 | |
| 목 적 | |
| 활동내용 | |

| | |
|---|---|
| **활동 후기** | |
| **활동사진** | |

# 창의활동 보고서

이름:

학교명:

학년:

| | |
|---|---|
| **제 목** | |
| **활동일시** | |
| **목 적** | |
| **활동내용** | |

| | |
|---|---|
| **활동 후기** | |
| **활동사진** | |

# 창의활동 보고서

이름:

학교명:

학년:

| 제 목 | |
|---|---|
| 활동일시 | |
| 목 적 | |
| 활동내용 | |

스마트한 부모가 자녀의 미래를 준비한다

| | |
|---|---|
| **활동 후기** | |
| **활동사진** | |

이제 어떻게 해야 하나?

자녀의 다중지능 유형을 알았고 그 수준과 정도를 알았을 때 제일 먼저 떠오르는 생각은 아마도 "이제 어떻게 해야 하나?"일 것입니다. 이에 몇 가지 사례를 들어 보려고 합니다. 그러나 만약 내 자녀에 대한 보다 심층적인 상담을 원한다면 www.brainery.kr의 상담실을 찾아와 유료 상담을 신청할 수 있습니다.

# 대인관계지능보다 개인내 지능이 높은 아이

"키우기 쉽지 않아."라는 생각을 하게 되는 경우가 종종 있는 유형입니다. 시험을 못 봤거나 친구와의 경쟁에서 졌다고 속상해하는 자녀에게 "괜찮아. 그 정도면 잘했어."라고 이야기해주는 데도 엉엉 울고 속상해하는 경우도 여기에 해당되고, 얼굴은 분명히 기분이 좋지 않은 것 같은데 "무슨 일 있어?"라고 물으면 "아니~"라는 단답을 하는 경우도 여기에 해당됩니다.

어릴 때조차도 "쟨 속으로 무슨 생각을 하는 걸까?"라는 의문이 들게 하고 화가 나거나 속상하면 입을 닫아버리는 경우도 여기에 해당됩니다. 그래서 어린 자녀인데도 때로는 두려운 생각도 들고 뭘 어떻게 해줘야 할지 알 수 없는 경우도 이 경우입니다. 부모가 보기에는 부족해 보여서 "성적이 이게 뭐야?"라고 묻는데 "이 정도면 되었어."라는 자녀의 대답을 듣게 되는 경우도 여기에 해당됩니다. 쉽지 않습니다.

그러나 자녀가 개인내 지능이 높음을 알게 되면 다음부터는 의외로 쉽습니다. 하나의 단어만 기억하죠. '보장.' 자녀의 페이스를 보장해주고 독립성과 자율성도 보장해줍니다. 만약 '별 차이 있겠어?'라는 생각으로 자녀를 훈육으로 가르치려고 하거나 "그냥 엄마 말 들어."라고 순종적 태도를 요구한다면 목적과 달리 부모자녀 관계만 망가지는 결과가 되기도 합니다.

"그러면 아이를 어떻게 가르치나요?"
"그러면 잘못한 것에 대해서는 어떻게 하나요? 그냥 두나요?"

우선 자녀가 무엇인가를 잘못했다면 대부분의 개인내 지능이 높은 아이들은 그 사실만으로 스트레스를 받습니다. 시험을 실수로 못 봤다면 "거봐, 엄마가 그래서 어제 한 번 더 보라고 했잖아."라고 바로 말하지 말고 "그래."라고 하고 "방에서 좀 쉬라."고 하세요. 아이는 자기 속상함을 엄마가 인정해주고 기다려준다고 생각하면서 "역시 우리 엄마야." 할 것입니다.

# 신체지능과 자연지능이 높은 아이

아마도 그동안 양육과정에서는 부모 생각에 "얘 혹시 산만한 거 아닌가?"라는 의심을 했을 수 있습니다. 신체지능과 자연지능이 높고 만약 공간지능까지 높다면 남들보다 많은 것을 보게 되기 때문에 차분한 성향의 부모에게는 자녀가 산만한 것처럼 보일 수 있기 때문입니다. 산만하다고 판단되면 더 많은 규칙과 더 많은 훈육을 했을 수 있습니다. 그러나 소용없는 일입니다. "아닌데요? 우리 아이는 소용 있었는데요?" 그렇다면 혹 자녀가 학습된 무기력을 가지게 된 것은 아닌지 체크해봐야 합니다.

만약 이전처럼 활기차지 않고 공부를 하긴 하는데 풀이 죽어있는 듯하고 간혹 '예전 모습이 더 밝고 좋았는데'라는 생각이 한 번이라도 들었다면 긍정적 신호는 아닙니다. 앞으로는 자연지능이 무척 중요한 지능이 될 것입니다. 많은 미래학자들이 '자연'에 관련된 지능을 가진 사람이 앞으로는 많이 필요하다고 이야기합니다. 건축을 하게 되더라도 자연을 이용할 수 있어야 하고, UX, 즉 사용자 편의형 기계를 만들더라도 자연을 활용할 수 있어야 합니다. 그러니 부모가 단기적 안목으로 "쓸데없는 궁금중 가지지 말고 공부해."라고 하는 것은 자녀의 자연지능을 죽이는 일입니다.

아이가 하는 말을 들어보세요. 아이의 눈이 가는 쪽을 같이 바라보세요. 만약 아이가 부모가 보지 못하는 것을 보고 기억해서 나중에 이야기한다면 자연지능이 무척 높은 것입니다. 자연의 움직임을 춤으로 표현한다면 신체지능도 높은 것입니다. 수학이든 언어든 그것을 이용하세요.

# 수학공부는 하지 않고 음악만 듣는 아이

다중지능에 대해 이미 여러 각도로 활용하고 학교의 교육에 보편적으로 투입시킨 선진국에서는 'music and mathematics'가 익숙한 주제입니다. 음악을 이해하기 위해서도 수학이 필요하고 리듬을 감각적으로 캐치한다는 것은 그만큼 수학적 감각이 있다는 것을 의미하기 때문입니다. 이미 오래 전 플라톤은 화성(harmony)이 물리학의 기초라고 이야기하였고 초기 인디언들도 모든 수학적 공식에는 리듬과 하모니가 포함된다고 하였으니 놀라운 일이 아닙니다.

피타고라스는 '도' 음을 내는 현을 튕겼을 때 그 음을 내는 현의 길이 절반에서 소리를 내면 1옥타브 높은 8도 음이 되고, 2/ 3길이에서 소리를 내면 5도인 '솔'이 되는 등 '음악과 수의 비례 관계'를 발견하였고, 최근에는 미래창조과학부에서 악기를 연주하거나 음악을 공부하는 학생들이 그렇지 않은 학생들에 비해 수학과 논리 능력이 더 좋다는 연구결과를 인용하면서 음악과 수학의 '밀당'이 있음을 주장한 바도 있습니다.

물론 부모가 수학은 계산을 빨리 정확히 하고 미분적분을 잘하는 것이라고 우긴다면 할 말은 없습니다. 그러나 이미 우리 모두가 지금 현재 한국에서 가르치는 수학방법이 잘못되었고, 하물며 우리나라 교육이 '수학을 싫어하도록 하는 교육'이라고 말하고 있음을 기억해 보면 좋을 것입니다. 부모가 자녀의 음악지능을 인정하고 수학과의 연관성을 놀이로 푼다면 더 좋은 결과를 볼 수 있을 것입니다.

# 언어지능과 대인관계지능이 높은 아이, 수학이나 과학은 포기해야 하나?

아이들에 대한 전문적 소견을 이야기할 때마다 강조하는 것은 '포기'란 자녀에게 아마도 평생 쓰지 말아야 하는 말일 것이라는 주장입니다. 그 말처럼 무서운 말이 없다고 보기 때문입니다. 다중지능을 통해 자녀의 강점을 안다는 것은 '자녀의 유일한 특성'을 안다는 의미가 절대로 아닙니다. 강점이란 그 강점이 다른 성향들을 지지하고 지원할 수 있다는 것이죠. 언어지능과 대인관계 지능이 높아 다른 사람을 감동시키는 말을 할 줄 알고 "어떻게 내 마음을 다 알지?"라고 느낄 정도로 감미롭고 정다운 말을 하기도 합니다. 누군가를 설득하기 위해 어떻게 해야 하는지도 알고 듣다 보면 정말 그런 것 같다고 생각하게 되죠. 사실은 그대로 두어도 논리수학적 지능은 높아질 수 있습니다. 왜냐하면 다른 사람의 마음이 보이고 그로 인해 그 사람을 설득하고 싶어 말을 하려면 어떤 순서로 어떻게 논리적으로 해야 하는지 고민하게 되기 때문입니다. 어릴 때부터 수학을 접할 때 이야기로 풀어봐주세요. 이미 스토리텔링으로 제시된 수학문제를 푸는 것이 아니라 순서를 완전히 바꾸어서 문제를 보고 자녀가 스토리텔링으로 바꾸어보게 하는 것입니다.